ヨーロッパ覇権史

玉木俊明
Tamaki Toshiaki

ちくま新書

1147

ヨーロッパ覇権史【目次】

序章　ヨーロッパ化した世界

†八頭身がなぜ「美しい」のか

八頭身美人という言葉がある。

これは、頭部が身長の八分の一を占めるという意味である。一九五三年にミス・ユニバース・ジャパンに選ばれ、同年にミス・ユニバース世界大会で三位になった伊東絹子の体型にちなんでできた言葉とされる。しかし、なぜ八頭身が美人なのか。

それが、欧米の美の基準だからである。

こんにちでも、すらっと伸びた足があり、比較的小さな頭があると、スタイルが良いといわれる。これは、もともとヨーロッパでできた美の基準が、世界の美の基準になったことのあらわれである。たとえば唐代の中国では太っているほうが美人だと考えられており、絶世の美人といわれる楊貴妃はかなりふくよかだったらしいが、現在の中国では、彼女は美人とはいわれないだろう。

八頭身美人は、現在でも、日本の女性、男性の憧れである。

日本人は、どうしても足が長くなりにくかった。生活に畳が欠かせなかったので、足を折りたたむことが多く、伸ばすことが少なかったからである。

胴長短足が美しくないという客観的理由はない。しかし、欧米の基準からは、美しくないのだ。だから、日本でも格好が悪いとされる。

もう少し「美」というものについて述べておくと、日本的な美に対し、欧米人の関心が高まっていることは事実である。京都の龍安寺の石庭などは、その典型例であろう。ここで欧米人は、自分たちの基準とは異なる美を「発見」する。人によっては、日本のファンになる。しかし忘れてはならないのは、日本の美こそが本当の美だと考えている欧米人は、きわめて少ないということである。彼らのほとんどは、「このような美もある」と考えているにすぎない。日本の美は、今でも、決して普遍的なものとはみなされていないのだ。

さて、本来ならヨーロッパの歴史、なかでも商業や経済の歴史を扱うはずの本書が、「八頭身美人」から話をはじめたのはほかでもない、世界がヨーロッパ化した、すなわちヨーロッパが覇権を握ったということをいいたかったからである。

八頭身美人に代表される普遍的な「美」は、ヨーロッパがつくったわけだが、「美」以外の普遍的な価値観も、それと同様である。一九世紀以降、ヨーロッパがつくった価値観は、普遍的なものだと考えられていたのである。このような考え方は、「ヨーロッパ中心主義」と呼ばれている。

†ヨーロッパ中心主義のはじまり

そのようなヨーロッパ中心主義は、いつ頃からはじまったのだろうか。そして、それはまだ続いているのだろうか。

こんにちの世界では、ヨーロッパというより、むしろアメリカの影響力のほうが強いと感じられるかもしれない。とくにアジア・太平洋戦争に敗北し、短期間ではあれアメリカ軍に占領された日本人に、その傾向は強いのではないか。しかし、そもそもアメリカはイギリスの植民地であった。その点から考えるなら、アメリカはヨーロッパから派生した地域と定義づけられよう。また、アメリカの文化の影響が日本で強かったとしても、「その文化の本家はヨーロッパである」という意識は、日本人のあいだのみならず、世界全体でも根強く残っている。そのような意味で、われわれは、今なお「ヨーロッパ化した世界」に生きているのである。

中国やその他のアジア諸国の近代化と経済成長は、アジアがヨーロッパ化しつつあることのあらわれといえよう。なぜなら、近代化することはヨーロッパ化することにほかならず、それ以外の方法はないように思われるからだ。アジア史家はそれに対し猛烈に反発するかもしれないが、彼らの研究手法自体、アジア独自のものではなく、ヨーロッパで生まれたものをアジアにあてはめているのである。アジア史で独自に開発された手法を、ヨーロッパ史に応用しているわけではない。

もとより、どのような地域も、完全にヨーロッパ化されたことも、されることもありえない。しかしながら、大きくみれば、世界は全体としてヨーロッパ化が進行しているのではないか。すなわち、ヨーロッパの価値観が浸透し、ヨーロッパ中心主義が現在もなお進行しているのではないか。そして、その価値観があまりに深く浸透したため、それに反発をする人々が出現したのではないか。私には、このように思えてしまう。本書は、そのような問題意識の所産である。

ヨーロッパ中心主義は、実はヨーロッパにおいても、比較的最近の産物、具体的には、一九世紀に生まれた考え方である。それは、基本的にアジアやアフリカの国々の多くが、欧米の植民地ないしそれに近い状況になったという事実に由来する。一九世紀のヨーロッパは、軍事的・経済的に、アジア・アフリカの諸国よりもはるかに優勢になった。アジア・アフリカ諸国は、欧米諸国と戦争してもとても勝てそうになかったし、生活水準の差は絶望的なほどに大きかった。だからこそ、ヨーロッパの文化が、憧れの対象となったのである。

一九世紀になると、ヨーロッパの圧倒的優位が明確になり、しかもそれはずっと続くと感じられた。そのため世界の人々は、民族としてのアイデンティティーは保ちつつも、ヨーロッパの価値観を受容せざるをえず、ヨーロッパから発生したさまざまな価値観・生活様式などを自分たちの世界に取り入れたのである。

これは、逆にいえば、軍事・経済面で、一八世紀以前には、ヨーロッパは他地域よりあまり進んだ状態にはなかったということを意味しよう。

次に、いくつかの時代をピックアップして、ヨーロッパ人が自分たちをどのようにとらえていたのか、みていくことにしたい。そのようにすることで、いつ頃ヨーロッパ中心主義が生まれたのかが、少し詳しくわかるだろう。

†古典古代のヨーロッパ

古典古代のヨーロッパは、正確には現在のヨーロッパと異なる。古代ギリシアの歴史家ヘロドトス（前四八五～前四二〇年）が描いた地図によれば、当時のヨーロッパは、現在のヨーロッパよりも狭く、ヨーロッパとアジアは、東西ではなく南北に分かれている。ヨーロッパは、北方で大きく東西に延び、その南側にアジアとリビアが位置していた。彼が知っている世界とは、こんにちの北アフリカ、中東、ヨーロッパの一部にすぎなかったのである。

ヘロドトスはペルシア戦争で、東方のペルシアの専制政治をギリシアの民主主義が破ったという観点から、その著『歴史』を書いたとされる。ここには確かに東方への蔑視がみられるが、かといって、ギリシアの価値観がアジアに伝わり、アジアが変貌したわけではない。そもそも、ギリシアはペルシアとの戦いに勝ったとしても、ペルシアを征服したわけではない。これは、一九世紀のヨーロッパの世界支配とはまったく異なる図式である。

次に、古代ギリシア世界よりもはるかに広大であった古代ローマ世界について考えてみよう。前二六四年から前一四六年にかけてのポエニ戦争で、古代ローマ人はカルタゴのフェニキア人に勝利し、古代ローマは西地中海の覇者になった。しかし彼らは、カルタゴを恐れていたのであり、決して軽蔑していたわけではなかったことを忘れるべきではない。

古代ローマはやがてヨーロッパを支配する帝国になり、彼らが蛮族とみなした人々を軽蔑したかもしれない。しかし、一九世紀と違い、「野蛮人を文明化することが、自分たちの使命である」と考えていたわけではないであろう。

その古代ローマ帝国は、四七六年に滅亡する。

現在では、古代ローマが滅亡してから七世紀に至る西欧社会を、「ポスト・ローマ期」とする考え方もある。さらにこの頃を、キリスト教とイスラーム教という二つの宗教が台頭してローマの旧領土に衝撃を与え、のちの中世への橋渡しとなった時代として、「古代末期」と呼ぶこともある。

さらに、七世紀から数世紀間のイスラーム勢力の台頭は目覚ましかった。したがって、七世紀からの数世紀間にわたり、ヨーロッパ社会は他地域よりも優越しているということを、ヨーロッパ人が考えていたとは思われない。

すなわち、中世の初期から中期の初め頃にかけて、ヨーロッパ人は、「自分たちが他地域よりもすぐれている」と考えてはいなかったと判断されるのである。

†一二世紀ルネサンス

キリスト教は一神教であり、他の宗教を信仰するということは、本来許すことができないはずである。また、キリスト教徒であるヨーロッパ人が、自分たちこそが全てにおいて最高の存在だと信じることは、当たり前のように思える。しかし、今から述べるように、ヨーロッパが明らかに他の社会よりも遅れていたとすれば、ヨーロッパ人はそれを無視できるはずはなかった。

歴史上、「一二世紀ルネサンス」と呼ばれる現象は、アメリカの著名な中世史家、チャールズ・ハスキンズ（一八七〇〜一九三七年）が提唱したものである。古典古代世界の復興こそルネサンスの特徴であるが、そのような現象は、一四世紀ではなく、すでに一二世紀にみられたというのだ。この時期に、西洋古典の文化が、イスラームとビザンツの文化を経由して、ヨーロッパに流入したのである。一四世紀のイタリア・ルネサンス以前に、ヨーロッパ人は自分たちの古典を「発見」していたのだ。

このとき、ヨーロッパ人は、同時代の西欧の文化よりも、ビザンツ、さらにはイスラームの文化がすぐれていることを知った。イベリア半島のトレド、シチリアのパレルモなどで、アラビア語やギリシア語から、ラテン語への翻訳がなされ、彼らに大きな衝撃を与えたのだ。とりわけ、古代ギリシアの哲学者アリストテレスの作品の翻訳は、大きな意味をもった。アリストテレスの著作は、当時のヨーロッパ人にはほとんど知られていなかったが、その翻訳後、中世スコラ哲学の形成に大きく貢献したからである。

この頃のヨーロッパ人は、いわばまだ「生徒の役割」を演じていたにすぎない。少なくとも、当時のヨーロッパの文化や価値観は、まだまだ他地域の人々にとって、魅力のあるものではなかったといえるだろう。

†ルネサンスから一八世紀へ

一般にルネサンスとは、一四～一五世紀にはじまったイタリアの文芸復興運動が、ヨーロッパ各地に普及したことを指す。それは、一二世紀ルネサンスと同じように、イスラームやビザンツ帝国経由でのギリシア文化の導入も意味した。

ルネサンスは、ダンテ（一二六五～一三二一年）が、『神曲』を書いたときにはじまる。この作品は、ラテン語ではなく、俗語であるトスカナ語で書かれた。さらに、ペトラルカ（一三〇四～七四年）は、中世を暗黒時代であり、古典古代を人間的な時代ととらえた。このペトラルカの考え方こそ、ルネサンスの思想を代表するものといえよう。

イタリアのフィレンツェでルネサンスが発生した理由の一つとして、この地がヨーロッパの金融業、毛織物工業の中心であり、地中海貿易で利益をあげ、どこよりも経済的に進んでいたことがあげられる。

一四世紀のルネサンスでは、ヨーロッパ人の求める理想は古典古代にあり、同時代のヨーロッパが最高の世界ではないと考えられていたのである。したがって、ルネサンスは古典古代の文化の「再生」ではあったが、ヨーロッパ中心主義が生まれたと考えることはできない。それは、たとえば一六世紀の人文主義者モンテーニュが、文化相対主義の人であったことからも裏付けられる。

また一七〜一八世紀のドイツの哲学者・数学者であるライプニッツは、中国について以下のように述べたという。


運命の不思議なはからいによって、人類の最高の文化と文明が、現在、われわれの大陸の両端つまりヨーロッパと中国の二ヶ所に出現している。実際、この国はいわば東方のヨーロッパとして地球のもう一方の端を飾っているのである。きわめて相離れてはいたがもっとも洗練されたこれら両国が、いまや互いに腕をさしのべあい、両国の間に存するすべての民族を徐々により理性的な生活態度に導かんとしているのはまさに神の摂理というべきであろう。

（大野英二郎『停滞の中国――近代西洋における中国像の変遷』国書刊行会、二〇一一年、一〇八ページ）

さらに、一八世紀フランスの哲学者ヴォルテールは、中国を礼賛したことで知られる。「中国は太古から歴史が連続しており、国家制度が整備されており、さらに中国人の道徳は高潔だ」と考えたのである。

つまり、おおまかにいえば、一八世紀まで、ヨーロッパ人は中国をヨーロッパよりも劣った国だとはみなしていなかったのだ（ただ、イエズス会の中国報告書によれば、中国は、科学技術において、停滞した社会だと考えられていたようである）。

このように、この頃においてもなお、ヨーロッパが世界を支配して当然だという意識はなかった。少なくとも、それが大勢を占めていたとは考えられないのである。

†一九世紀ヨーロッパの世界支配

ところが一九世紀になると、中国に関する意見も変わる。アヘン戦争（一八四〇～四二年）の頃から何度も中国に渡ったフランス人商人のモンフォールは、「中国の廈門《アモイ》の都市ははなはだ不潔であり、街路は濡れて、乾くことはないほどであり、おぞましい悪臭に満ちている」と述べた。しかもそれは、この都市ばかりか、中国の全てにあてはまると主張している。中国の都市は、近代化し衛生的になっていったヨーロッパの都市とは、まったく対照的な姿を呈示していたのである。

ここにきて、ヨーロッパ人は、中国に代表されるように、アジアが停滞しているのに対し、ヨーロッパは絶えず進歩していると考えるようになったのだ。

実際のところ、アジアやアフリカ諸国には欧米諸国に対抗できるほどの軍隊はなく、生活水準も、大きな差異ができてしまっていた。中国に関しても、欧米と比較して貧しくなっていったことは間違いない。一八六〇年代になって、それまでの帆船＝ジャンク船にとって代わって蒸気船が登場すると、中国では食いはぐれた人が多数現れた。そして移民数が増加し、一八六八年には、アメリカと中国のあいだにバーリンゲーム条約が締結され、中国人移民が正式にアメリカに渡るようになった。中国人は、非常に安価な労働力だったからである。

また一九世紀から二〇世紀初頭にかけ、世界のかなりの地域はヨーロッパの植民地ないし半植民地と化した。

そしてヨーロッパ人は、植民地人をキリスト教化することが、「文明化の使命」(Civilizing mission)だと自覚した。いや、正確には錯覚した。土着の宗教を信じるなどということは野蛮な行為であり、それをやめさせることが、文明人である自分たちの使命だと考えたのだ。ヨーロッパで生まれたものは正しく、それに反するものは間違っている。そういって、何も差し支えがなかった時代であった。こんにちの目からは、それは信じられないほどに傲慢な態度であろう。だが、当時は、それが傲慢だとは考えられなかったのである。

このような植民地時代を経て、第二次世界大戦後、植民地が次々と独立し、世界はポスト・コロニアル時代を迎えた。アジアだってアフリカだって、経済成長はできる。自分たちで国を形成し、運営することができる。

確かにそうだが、それとともに忘れてはならないのは、そのような国のほとんどがヨーロッパで発達した議会制民主主義を手本にしているということである。これは、新たなヨーロッパ化とはいえないのか。イスラーム世界、さらには中国などでは、そのような動きに反する動きもみられるが、それらが普遍性のある運動だとは思われない。この動きはアンチテーゼたりえても、新しいテーゼを生み出してはいないからだ。

†こんにちも続くヨーロッパ支配の影響

一九世紀のヨーロッパでは、産業革命のため、経済が急速に発展していった。その犠牲となったのはアジアやアフリカであり、彼らは農作物や鉱物という第一次産品をヨーロッパに輸出し、ヨーロッパの工業製品の市場となった。そのため、これらの地で工業を発展させることは困難であった。このような時代だけを取り上げてみるならば、「アジアが停滞的であるのに対し、ヨーロッパは発展している」という図式も理解できよう。だが、有史以来ずっとそうだったかどうかはわからない。

アジアの温帯地方の国々と比較するなら、ヨーロッパは自然条件が厳しく、貧しい地域である。「ヨーロッパが停滞しており、アジアが発展していた時代」があったかもしれない。また、もし現在の世界だけをみれば、「アジアは絶えず成長しているのに対し、ヨーロッパは何も変わっていない停滞した社会だ」というレッテルを貼ることだってできるだろう。にもかかわらず、一九世紀以降、欧米人の多くは、そのようには考えてこなかったのだ。

『リオリエント』を著したアメリカ人研究者のアンドレ・グンダー・フランクは、ヨーロッパよりアジアのほうが歴史上ずっと優位であって、ヨーロッパの優位とは、たかが一九世紀の出来事だったにすぎず、現在、世界の中心はふたたびアジアに向かいつつある（Re-Orient リオリエント）と喝破した。

しかしそれは、逆に、一九世紀のヨーロッパ支配の影響がいかに強かったかということを物語っている。たった一世紀のあいだに、「世界はずっとヨーロッパを中心として動いていた」と多くの人に思い込ませたのだから。

この「思い込み」の例として、一九世紀のドイツ人カール・マルクスが「アジア的生産様式」という言葉を使い、「ヨーロッパが発展したのに対し、アジアはずっと停滞している」と述べたことがあげられる。こんにちの目からは、これはあまりに過度なヨーロッパ中心主義と思われるだろう。しかし、一九世紀のヨーロッパ人、いや、場合によってはアジアの人々にさえ、そのようには受け取られなかった。それどころか、第二次世界大戦後しばらくのあいだ、日本の歴史家のなかでも、このような図式を信じた人は少なくなかったのだ。

繰り返すが、それほど一九世紀ヨーロッパ、とりわけイギリスの植民地支配が世界に及ぼした影響は強かった。そして現在もなお、その影響を無視した政治・経済活動は不可能である。たとえば、いうまでもなく、現在のアラブ世界の問題のいくらかは、ヨーロッパ諸国が勝手に国家なるものをアラブ世界につくったがために起こっている。さらに中央アフリカの政治的混乱は、ヨーロッパの帝国主義と無関係ではありえない。

現代社会は、このような状況にある。古代ローマ帝国であれ一二〜一三世紀のモンゴル帝国であれ、一九世紀のヨーロッパほどのインパクトを世界各地に及ぼしたとは思われない。ヨーロッパの遺産――ポジティヴなものであれネガティヴなものであれ――を乗り越えて、新しい価値観が生じるためには、今後、なお数世紀が必要とされよう。一九世紀のヨーロッパがアジアに与えた影響は、それほどまでに大きかったということなのである。

†「文明化の使命」

一九世紀になると、イギリスをはじめとするヨーロッパ諸国は、相次いでアジアやアフリカに植民地、ないしそれに近い状態の地域をもつようになった。そうして彼らは、不平等条約を押し付けていった。もとより国家間の「条約」というものはヨーロッパ人が考案したものであり、これは、ヨーロッパ的価値観の押し付けでしかない。しかしそれがやがて、世界外交の共通のスタイルになっていった。世界は、ヨーロッパ化したのだ。

ヨーロッパ諸国は、「文明化の使命」という言葉をスローガンに掲げ、「アジアやアフリカの人々は野蛮である」という前提で植民地化を正当化していった。むろん、これに反発する現地人もいたが、それと同時に、西洋化することこそが何よりも大切だと考える人たちも大勢いた。西洋化こそが文明化であると信じた時代が長く続いたのだ。それは、ヨーロッパやアメリカの価値観の押し付けであった。

現在のわれわれも、そこから自由ではいられない。もはや当面、ヨーロッパ的価値観から抜け出すことができないのだから、台頭するアジアを分析するにあたっても、「アジアのヨーロッパ化」という視点を導入すべきではないだろうか。

†本書の構成

本書は、基本的に経済史を扱う。しかし同時にヨーロッパの対外的拡張も論じるので、ヨーロッパをヨーロッパ外に向かわせた要因についても議論の対象に据える。

第一章では、軍事革命が扱われる。ヨーロッパの台頭は、軍事革命が開始した一五世紀に由来すると考えて良い。具体的には、火器の導入により、ヨーロッパは史上初めて、他地域に対して軍事的に優位に立った。

第二章で述べられるのは、近代世界システムの形成である。この頃のヨーロッパは現代社会の枠組みを形成した「近代世界システム」の形成期であり、そのシステムの特徴の一つに、国家間の経済競争の激化があった。近代世界システムの特徴は、経済がずっと成長し続けるということ、すなわち「持続的経済成長」の達成と、ある国や地域が、別の国や地域を経済的に支配＝収奪するという点にある。

第三章では、ヨーロッパが、大西洋経済を形成する過程が描かれる。それは、アフリカ西岸の金《きん》を、イスラーム勢力の手を経ることなく入手しようというポルトガルのこころみがきっかけになった。

大西洋経済の形成には、いくつものヨーロッパ諸国が参加し、しかも非常に長い時間がかかった。この経済は、西アフリカから奴隷を新世界に輸送し、そこで砂糖（サトウキビ）を生産するというシステムから成り立っていた。イギリスは、それに加えて、北米南部で綿花を生産し、本国でそれを綿織物にすることに成功した。

第四章では、大西洋経済とアジア経済の関係が論じられる。ヨーロッパは、長い年月をかけて大西洋経済を開発したことで、ようやくアジアに対して優位に立った。これにより、ヨーロッパ人は、アジア、さらには世界の多くの地域を支配することが可能になった。すなわち、ヨーロッパが世界の覇権を握ったのだ。

ヨーロッパのいくつもの国が、ヨーロッパが世界へと領土を広げた。そのなかで、最大の成功を収めたのはイギリスであった。イギリスは、史上最大の植民地を有した国になった。したがって、拡大するヨーロッパを描くことは、イギリス帝国の拡大を論じることに似ている。イギリスは、ヨーロッパの対外的拡張においては新参者であった。この点からみると、とりわけポルトガル海洋帝国が育てた果実を取っていったのがイギリスであったということをここでは示したい。

終章では、現代社会に対する見取り図が提示される。

第二次世界大戦後、ヨーロッパの植民地であったアジア・アフリカ諸国は独立に成功する。現在もなお、欧米諸国とアジア・アフリカの国々の経済格差は大きい。とはいえ、植民地時代には第一次産品の供給地域にすぎなかったアジアに大量の資本が投下され、欧米の会社の工場が次々と建設されている。また、どの国でも富める人々と貧しい人々の所得格差は拡大しつつあるようだ。

それは一体どのような意味をもつのか。新しいシステムの誕生を意味するものなのだろうか。それを、ここでは考えたい。

なお本書では、一九世紀の欧米による世界支配を所与のものとして扱い、深く探究することはしない。この問題は、帝国主義時代を扱った数多くの文献で扱われているので、それらをお読みいただきたい。

第一章
軍事革命と近代国家

銃を撃つ兵士(1600年頃、アムステルダム国立美術館)

1 軍事革命とは何か

†軍事革命

ヨーロッパの対外的拡張とは、ヨーロッパによる侵略の歴史であったことはいうまでもない。ヨーロッパ人はそれを、自分たちの都合の良いように解釈し、「文明化の使命」といったのである。

この侵略は、「軍事革命」によって可能になった。軍事革命によって、ヨーロッパには、他地域をはるかに凌ぐ軍事力が付与された。この革命がなければ、ヨーロッパが、世界史にあれほどまでに大きな影響力を及ぼし、世界の覇権を握ることは、不可能だったはずである。

軍事革命はさらに、ヨーロッパで主権国家を誕生させることになった。主権国家は、文字通り国家が主権を有すること、つまり、国家統治のあり方を決めるのは、国家そのものにほかならないということを意味する。いい換えれば、主権国家とは、近代国家のことなのである。

前述のとおり、主権国家＝近代国家の形成は軍事革命によって可能となった。まず、それについて、少し説明してみたい。

軍事革命の定義についてはあとで触れるが、この革命が、ヨーロッパ諸国の戦争を誘発したことは間違いない。もとよりヨーロッパの歴史は戦争の歴史ともいえるほどに、戦争が頻発していた。しかし軍事革命により、戦争の規模がはるかに巨大になり、国家財政にそれまでにない負担をかけることになったのだ。それに伴い、財政システムが急速に発展し、主権国家＝近代国家を誕生させることになったのである。

ところで、戦争が絶えず続いていたにもかかわらず、近世のヨーロッパで経済成長があったことが不思議に思える読者もいらっしゃるかもしれない。実はこれこそ、現在の世界の経済史学界で大きな研究テーマとなっている問題なのである。

本章のテーマは、軍事革命によって、ヨーロッパ諸国がどのように変貌し、どういう方法で主権国家を成立させ、戦争による財政への負担をできるだけ軽減させ、経済成長を実現したのかということを解明する点にある。

税制がすぐれていなければ、すなわち、戦争による財政への負担を少なくし、経済成長を促進する課税システムがなければ、ヨーロッパ経済は成長できなかった。そして、さまざまな国がそのようなシステムの構築に尽力したが、最大の成功を収めたのはイギリスであった。これが、現在の世界の経済史学界のコンセンサスでもある。

最終的に、なぜイギリスが他のどの国よりも高い経済成長率を実現できたのかということ、すなわち、軍事革命の勝者がイギリスであった理由を提示したい。

†軍事革命の世界的影響

ヨーロッパは、圧倒的な軍事力で、世界を制覇した。では、ヨーロッパの軍隊はなぜ強くなったのだろうか。

その答えとしては、軍事革命を経験したからだというのが一般的であろう。なかでも火器の導入により、戦術が大幅に変わったことが、もっとも重要な要因とされる。それに伴い、軍隊の規模がきわめて大きくなり、徴兵制が導入され、社会そのものが大きく変革したのである。

軍事革命とはどういうものか、もう少し詳しく述べてみよう。『軍事革命』(邦訳は『長篠合戦の世界史』大久保桂子訳、同文舘出版）を著したジェフリ・パーカーによれば、軍事革命の核心は一六世紀にあった。それは、①軍艦の舷側砲の発展、②戦闘におけるマスケット銃（火縄銃）と野砲による援護、③ヨーロッパ史上例のない、急激で持続的な兵力の膨張、④「対攻城砲要塞」の発展である。

これらの革新でヨーロッパは他を圧倒する軍事力をもつようになった。

火器の登場以前には騎馬兵による弓が最大の武器だったが、火器は、それをはるかに上回る破壊力・殺傷能力をもつ武器であった。火器を最初に使用したのはヨーロッパ人ではなく中国人であったが、その使用をもっとも積極的におこなったのはヨーロッパ人であった。そのために、やがて世界中の戦争で勝ち、植民地を獲得することができたのである。

ヨーロッパの火器は、まず、新世界の征服に大きく役立った。コルテスやピサロの軍隊の規模は小さく、前者は五〇〇人程度、後者は二〇〇人に満たなかったが、それぞれアステカ帝国とインカ帝国を征服することができた。この要因として、まだアメリカでは火器が知られていなかったことが大きかった（ただし、アメリカ大陸にはなかったさまざまな病気、とりわけ天然痘をヨーロッパ人が持ち込んだために、インディオの人口が急速に減少したことも忘れてはならない）。

このようにして、ヨーロッパは、軍事力を用いて、世界のあらゆる地域に進出したのである。

その一方で、軍事革命は、ヨーロッパ以外の地域にも輸出されていった。ヨーロッパ外地域における軍事革命の代表的事例は、一五七五年の長篠合戦であろう（『軍事革命』英語版の表紙には、長篠合戦の屏風絵が使われている）。以前は長篠合戦では三〇〇〇丁の銃が使われていたといわれていたが、最近の研究では、一〇〇〇丁と大幅に下方修正されている。とはいえ、これほど大量の火器が、たった一回の戦争で使用されるようになったことはきわめて重要である。

現在の研究では、日本に鉄砲が初めて伝来したのが、一五四三年の種子島であったという従来からの学説が疑われていることは事実である。しかし、鉄砲が伝来してから比較的短期間のうちに、日本が世界有数の火器の使用国になったということも事実なのだ。ヨーロッパではじまった軍事革命の影響は、世界中に広まったのである。

火器をどのように受容するかで、この当時の国の運命が決まったといって過言ではない。この点で、ヨーロッパはもっとも進んでいた。そして、それに次いだのは、おそらく日本であった。

†マウリッツの軍制改革

軍事革命で重要な点として、火器の導入のほかに、軍隊組織の大幅な近代化があった。この点においてもっとも重要なのは、一六世紀後半から一七世紀初めにかけてオランダ人マウリッツによっておこなわれた軍制改革である。

マウリッツ（アムステルダム国立美術館）

ここで、ウィリアム・H・マクニールの『戦争の世界史』に従って、マウリッツの功績をまとめてみよう。マウリッツは、敵が占領している都市や要塞を包囲攻撃する際に、兵隊たちに壕を掘らせてその中に隠れさせた。こうして攻囲戦をおこなったため、兵士は土木工事に従事することになった。そうして、

防御側の堀や城壁に徐々に近づいていき、総攻撃をかけても大丈夫な地点に到着してから攻撃したので、兵士はあまり死ななくてすんだ。

またマウリッツは、兵士たちに強制して、火縄銃の装備と発射に必要な動作を反復練習させた。火縄銃の発射までに必要とされる身体動作を細かく分解し、その動作にそれぞれ名前をつけ、さらにその動作を命令するために適切な号令を決めた。そうすることで、兵士たちは、大声で伝えられる命令に反応して、全員が一斉に各動作をおこなうことができるようになった。

マウリッツはさらに、行軍の規則を定めた。銃兵が、横列をいくつも重ねた方陣をなして戦場にのぞみ、最前列の兵が発射を終えると、各自後ろに続いている縦列と隣の縦列とのあいだを後ろへと走り抜け、最後尾に着くと、ふたたび銃を撃つ準備をした。そうすることで、横列の銃兵は次々に一斉射撃を相手に浴びせることができた。

マウリッツの実行した改革は、「より効率的な軍隊の訓練」と「戦術の開発」という点に集約されよう。軍隊の隊長は、指揮するだけではなく、訓練することにおいても長けていなければならなかった。ここに、「軍隊の規律化」が生まれたのである。

軍隊の規律化は、ヨーロッパの他国にまで伝わっていった。そうして各国の軍隊では、無駄なことがどんどん排除され、効率よく戦争するようになったのだ。

†社会的規律化

そのような効率性が、社会に影響を及ぼさないはずはなかった。戦争を効率的に遂行しようという努力は、ヨーロッパが合理的な社会になってゆくのに貢献したのである。

相次いで戦争が起こったため、ヨーロッパ社会は大きく変わった。近代化は、心の中にまで権力が踏み込むことはできないという、現代にまでつながる人権擁護思想を生み出す。一方で、人々は、おそらく中世以上に、規律に従わなければならなくなった。これを、「社会的規律化」という。中世の軍隊は、さほど厳しい訓練を受けず、傭兵隊長はリーダーであっても、軍事上必要な細かな点までのマニュアル化、規律化を進めることはなかった。しかし、マウリッツがはじめたような訓練をすれば、連帯意識が生まれる。それが、軍隊を強くするもとになった。

社会的規律化は、近代社会形成のうえで、非常に重要な役割を果たした。ヨーロッパの近代社会は、内面的には自由であるのに対し、社会的には規律化が浸透した。すなわち、為政者は個人の内面はどのようなものか問題にしないが、社会には一定の規律があり、それはいわば外的に強制されたものであった。軍隊や教会、学校などを通じて、さまざまな社会的な規則が、人々の心の中に植え付けられ、社会が個々人に対し規律を強制することになったのである。社会的規律化は、軍隊の規律が社会のすみずみにまで浸透していったために発生したのだ。

このように、ヨーロッパの近代は戦争とともにできあがった。そして、ヨーロッパが世界を征服することで、世界はヨーロッパ化した。したがって、現代社会は、「戦争を前提とした社会」といえるのである。

われわれは、現在もなおそのような世界に生きているのだ。それを具体化したのが永世中立国の存在である。永久に中立であるということは、永久に戦争があることを前提としている。さらに、ヨーロッパの「人権」という思想も、戦争によって生まれた。人間がしばしば戦争で殺されるからこそ、一人一人の権利を守るべきだという意識が芽生《めば》えたのである。

2　近代国家の誕生

†新しい国家システムの創出

軍事革命が、社会のさまざまな側面に大きな影響を及ぼしたことはいうまでもない。この時代に、戦費は急に増えた。戦争遂行のためには、巨額の費用がかかる。そのため、国家財政の規模が大きくなり、財政システムが急速に発展していくことになる。そもそも近世においては、社会福祉や所得の再分配という考えはなく、しかも絶え間ない戦争状態のため、国家財政に占める戦費の比率はみるみるうちに増加することになった。

そして、この戦費の増大が、中世とは異なる、新しい国家システムの創出へとつながった。

ヨーロッパ諸国は、軍事費の徴収に大きな力を注いだ。そもそも中世においては封建領主が存在し、その領地は国境を越える場合があるなど、「国境」や「国家」という概念はこんにちと比べると曖昧なものであった。しかし、中央政府が税を徴収する範囲が国家の領域となっていくと、国境を越える封建諸侯はいなくなっていった。そうして、国家が主権を有する近代的な国家である「主権国家」が生まれたのだ。それは、中世的な国家とは、大きく異なる国家のシステムであった。

†中世の国家システム

ここで少し、中世における国家システムの話をしておこう。イギリス王のヘンリ二世(在位 一一五四~八九年)は、元来フランスのノルマンディー公であり、さらにアンジュー伯であった。そして一一五四年、イギリス王として即位した。ヘンリ二世が支配する領域は、地図1のように、非常に広かった。

現代人には奇妙に思えるだろうが、ヘンリ二世は、イギリスでは国王であったが、フランスでは、フランス国王の臣下であった。これは、中世ヨーロッパでは何も不思議ではない。こんにちのように、「ある国の国王は、決して別の国の国王の家臣ではない」という国家システムとは違う世界が存在していたのである。

ここで、英仏間で抗争が生じた場合を想定してみよう。ヘンリ二世は、フランス領においてはフランス王の家臣であっても、自国領においてはれっきとした王であった。そのため、イギリス王としての立場からは、フランス王に従う必要はない。抗争が戦争に至るとすれば、ヘンリ二世が、イギリス王であるという理由でフランス王と戦ったとしても、それは何も問題にはならない。日本流のいい方では、「謀反」ではないのである。

このような中世的な国家システムは、近世になると崩れてゆく。国境を越えた領主の存在は、国家形成という観点からは邪魔になる。しかも、戦争をするには資金がいる。そのために国王は、領地を売ったり、税金を高くした。やがて国家とは、中央政府が税金をかけられる範囲を意味するようになり、国境を越えた領主は消滅してしまう。

地図1　ヘンリ二世の支配領域

軍事革命を経験したヨーロッパでは、戦争の規模が巨大化し、戦費が急速に増加する。国家財政は、国家経営においてきわめて重要な事柄になった。どのように戦費を調達し、それを返済するのかということが、一六〜一八世紀

のヨーロッパにとって、もっとも重要な課題となっていったのである。

†軍事費負担の急増

一七世紀のヨーロッパの特徴をいい表す際、しばしば、「一七世紀の危機」という表現がなされる。一七世紀は、ドイツではじまり、ヨーロッパ大陸のあちこちに飛び火した三十年戦争（一六一八〜四八年）、イギリスのピューリタン革命（一六四二〜四九年）、フランスのフロンドの乱（一六四八〜五三年）など、戦乱が多発した時代であった。その原因について、イギリスの歴史家ホブズボームは、封建制から資本主義への移行期に生じたヨーロッパ世界の軋《きし》みであるとした。

中世の封建制から近代的な資本主義へというマルクス主義の発想をそのままこの時代にあてはめたホブズボームの論は、今となっては時代遅れだ。しかし、やがて近代的な資本主義社会が誕生し、主権国家が登場するのは、多くの戦争があったからだという事実は、見逃されるべきではない。一六世紀にはじまった軍事革命は、一七世紀になり、さらに規模の大きな戦争を生み出すことになった。

だが、一七世紀の戦争はほぼヨーロッパ内部に限られていた。それに対し、一八世紀の戦争の多くはヨーロッパ外世界でおこなわれたため、財政的負担はさらに大きくなった。

そうして、戦争のための財源を確保するために、ヨーロッパ諸国は、戦時には借金をし、平時にはそれを返済するというシステムを徐々に形成していった。これが、近代世界の一つの特徴であった。

軍事費は、国家財政に大きな負担となったのである。そして、それはヨーロッパの近代国家の姿でもあった。ここでは、そのような国家の代表として、プロイセン、オランダ、イギリス、フランスを論じる。

†軍事国家プロイセン

まずは、プロイセンから話をはじめたい。プロイセンは絶対王政の国として知られる。プロイセンの常備軍は一八世紀を通じて増え続け、一六八八年には三万人であったのが、一七四〇年には八万一〇〇〇人に、一七八六年には一九万六〇〇〇人になった。このように、プロイセンは、軍隊が異常に膨れ上がった国家であった。

軍隊の規模が増加すると、軍事支出が増加する。国家歳入に占める軍隊への支出の割合は、一七一三年には七三・五パーセント、一七四〇年には七一・四〜八五・七パーセント

表1　バルト海地方の主要貿易港の植民地物産輸入量

（単位：ポンド）

年度	ダンツィヒ	スウェーデン	シュテッティン	サンクト・ペテルブルク	リーガ
1701-10	14,201,961	2,749,219	92,676	0	1,427,287
1711-20	29,669,704	12,001,932	251,305	1,170,070	2,567,588
1721-30	46,263,537	25,709,187	2,515,918	8,556,402	5,084,161
1731-40	22,268,740	21,062,459	2,203,880	15,068,467	2,516,203
1741-50	45,032,275	47,670,376	5,633,509	28,911,517	4,005,571
1751-60	71,695,483	69,113,422	27,412,922	50,184,048	5,213,505
1761-70	109,636,076	92,656,229	95,571,365	82,483,425	6,879,054

出典：Nina Ellinger Bang and Knud Korst (eds.), *Tabeller over Skibsfart og Varetransport gennem Øresund 1661-1783 og gennem Storebælt 1701-1748*, 4 Vols., Copenhagen and Leipzig 1930-1953.

になった。一七八六年には低下したが、それでも五二〜五六・五パーセントであった。

この膨大な軍事支出をまかなうために、より多くの国庫歳入をはかる必要があった。さもなければ、プロイセンは、戦争に勝てず、領土を拡大することはできなかったからである。

そこでプロイセンは、殖産興業により国富を増加させるという政策をとった。

表1は、バルト海地方の主要貿易港の植民地物産（砂糖・コーヒー・紅茶・染料などであるが、ここでは基本的に砂糖）の輸入量を示す。何よりも印象的なこととして、シュテッティンの輸入増が目立つ点がある。シュテッティンはオーデル川流域の都市であり、フリードリヒ二世（在位　一七四〇〜八六年）は、この都市に製糖所を建てた。

地図2　北方ヨーロッパ

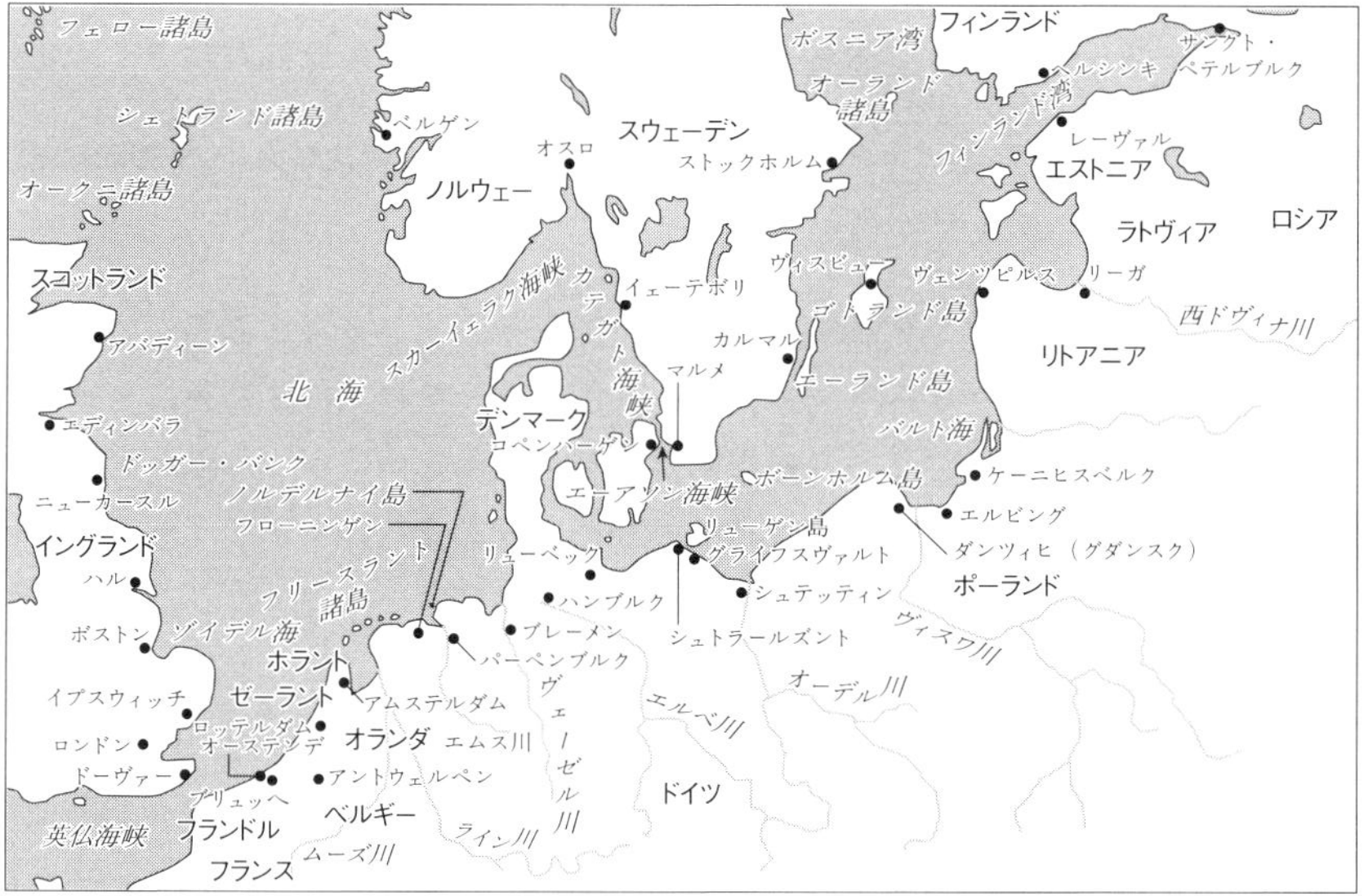

フェロー諸島
シェトランド諸島
オークニ諸島
スコットランド
アバディーン
エディンバラ
ニューカースル
イングランド
ハル
ボストン
イプスウィッチ
ロンドン
ドーヴァー
英仏海峡
フランドル
フランス
北海
ドッガー・バンク
ノルデルナイ島
フローニンゲン
フリースラント諸島
ゾイデル海
ホラント
ゼーラント
アムステルダム
ロッテルダム
オーステンデ
ブリュッヘ
オランダ
エムス川
アントウェルペン
ベルギー
ライン川
ムーズ川
ベルゲン
ノルウェー
オスロ
スカーイェラク海峡
カテガト海峡
デンマーク
コペンハーゲン
エーアソン海峡
リューベック
ハンブルク
ブレーメン
パーペンブルク
ヴェーゼル川
エルベ川
ドイツ
スウェーデン
ストックホルム
イェーテボリ
カルマル
マルメ
ヴィスビュー
ゴトランド島
エーランド島
ボーンホルム島
リューゲン島
グライフスヴァルト
シュトラールズント
シュテッティン
オーデル川
ヴィスワ川
バルト海
ボスニア湾
オーランド諸島
フィンランド
ヘルシンキ
サンクト・ペテルブルク
フィンランド湾
レーヴァル
エストニア
ラトヴィア
ロシア
ヴェンツピルス
リーガ
西ドヴィナ川
リトアニア
ケーニヒスベルク
エルビング
ダンツィヒ（グダンスク）
ポーランド

砂糖の貿易は非常に儲かったので、フリードリヒ二世は、製糖業を発展させ、国富を増大させる殖産興業政策をとったのである。しかしシュテッティンで精製された砂糖は、エーアソン海峡通行税（デンマークとスウェーデン間のエーアソン海峡を航行する船舶とそれに積載された商品にかかる税）を支払わなければならず、一八世紀後半のヨーロッパの製糖業の中心であったハンブルクとの価格競争に勝てなかった。

要するに、プロイセンは、戦時中に借金をして、平時にそれを返済するという近代的な財政システムを構築しようとはせず、殖産興業政策にも成功しなかったのである。

プロイセンは明らかに、これから説明するオランダやイギリスとは異なるシステムをとった。それが、結局ヘゲモニー国家になることができなかった要因の一つになったのである。

†オランダの財政システム近代化

ヨーロッパで最初に財政システムが近代化したのがオランダであったということは、オランダ財政史研究者の一致した見解だといって良い。オランダは、一五六八年から一六四八年にかけて、スペインからの独立戦争（八十年戦争）を戦った。それにより借金をする必要に迫られ、財政システムが近代化された。そのため、オランダは、「早発の経済国家」と呼ばれる。

フランスとの戦争と国内の政治関係の変化のため、オランダでは、州議会年金の導入に代表される財政改革が導入された。そのため一八世紀のイギリスよりも二世紀以上前に、オランダでは、公信用（国家が借手または貸手となって取り結ぶ信用関係）が発展した。またオランダでは、英蘭戦争と九年戦争のため、一六九〇年代には国家予算の九〇パーセントが軍事費にあてられたとされる。そのためオランダは、「戦争国家」と呼ばれるようになっていったのである。

†重税国家オランダ

オランダの財政史研究をこれまでリードしてきたマーヨレイン・タールトは、オランダはホラント州が最も有力な州だったものの、他の州を圧倒できるほどの力まではなかったと述べた。さらに、彼女はオランダの連邦制＝地方分権制を強調し、一七世紀には一国が経済の単位となる国民経済は誕生していなかったと主張した。

たとえばオランダでは、全国的規模で徴収される税金は、塩税だけであり、消費税は州ごとに課されていた。そして、州によって、財政システムに少しずつ差があったのである。

また一七世紀中葉は、オランダの「黄金時代」と呼ばれるが、同時にこの時代のオランダは、ヨーロッパで一人当たりの税負担が最も大きな国であった。一七～一八世紀オランダの一人あたりの税負担は、イギリス・フランス以上のスピードで増えた。富裕層よりもむしろ中産層（middle class）に、より多くの課税負担があった。税負担は重く、しかも不平等であった。にもかかわらずオランダが繁栄できた大きな理由は、貿易にかかる税金が少なかったからである。

†州の税負担を軽くする工夫

オランダでは州ごとに公債を発行していた。また百分の一税（公債購入額に対する一パーセントの税率）や二百分の一税（公債購入額に対する〇・五パーセントの税率）などが公債購入者に課された。そのため、政府が支払わなければならない公債の実質的な利子率は低下していった。公債購入者の所得層が拡大し、都市の有力者にとどまらず、船長などの水夫、職人層にわたり、徒弟さえも公債を購入することは珍しくなかった。

また、しばしば女性が財産として長期公債を保有していることがあり、連邦債とホラント州債の四〇パーセントは女性が保有していたという。このように、女性が社会に大きく進出していたことが、オランダの大きな特徴であった。

「公債が社会の隅々にまで浸透した社会」こそ、一七世紀オランダの特徴であった。この特徴は、一八世紀のイギリスにも受け継がれる。すでに述べたように、オランダは非中央集権的な国家であった。それは、八十年戦争の過程でつくりあげられたのである。

しかし、オランダの税は重く、戦争のため借金をした諸州が、債務不履行に陥ることもあった。なかでもホラント州の税負担が重すぎたことが、一八世紀には、同州の経済衰退を招いた。

3　中央集権国家イギリス

†イギリスとフランスの比較

先ほども述べたように、一八世紀は、ヨーロッパ人がほぼ初めてヨーロッパ外世界で戦争をおこなった世紀である。そのため戦争の規模も急速に拡大し、戦費はうなぎのぼりに上昇した。つまり、戦費の調達こそ、一八世紀ヨーロッパの諸国家が直面した課題であった。この事実は、ヨーロッパ内部で戦争をしていた一七世紀末までの時代とはまったく違う規模と種類の衝撃を、ヨーロッパ諸国に与えることになった。

一八世紀におけるヨーロッパ外世界への拡大のイニシアティヴを握ったのは、やはり英仏両国であった。そして、この勢力拡大に伴っておこなわれたヨーロッパ外世界での戦争は、どの国にもましてこの二国に大きな財政問題を引き起こした。英仏ともに、戦費の調達が国家財政上なおいっそう重要な事柄になってきたのである。

イギリスとフランスを単純に比較するなら、国土はフランスのほうがずっと広く、人口も二〜四倍多かった。にもかかわらず、実際に勝利をえたのは、イギリスであった。巨額の借金をしながらも(イギリスの借金は、フランスよりも巨額であった)、イギリスはフランスとの戦争に勝ち、ナポレオン戦争が終わった一八一五年には、ヘゲモニー国家となったのである。この時代のイギリスは、戦争のための国家支出が非常に多く、そのためしばしば「財政=軍事国家」と呼ばれる。

勝敗を分けたのは、英仏の両国の資金調達能力の差であった。まずもって中央銀行であるイングランド銀行が存在していたイギリスと、それに対応するような機関がなかったフランスとでは、資金調達能力で決定的な違いがあった。中央銀行をもつイギリスのほうが、金融の信用度が高く、外国からの資金の導入が容易だったのである。

†財政面からの比較

では、財政面からみた英仏の相違は、それ以外にどこにあったのだろうか。

表2にあるように、イギリスの税制は間接税である消費税を中心にしていたのに対し、フランスのそれは直接税である土地税であった。しかもイギリスの消費税は、主として贅沢品に、具体的には、ビール、石炭、石鹸、皮革、ガラスに税がかけられたのである。

多くの人々は、収入が増えると、奢侈品《しゃしひん》をより多く買う傾向がある。経済学的には、このような商品は、「需要の所得弾力性」が高い商品である（たとえば、経済成長率が三パーセントであるとき、ある商品の購入額が五パーセント伸びるとすれば、「需要の所得弾力性」が高い商品になる）。

そのためイギリスでは、経済成長率以上のスピードで税収が伸びたので、借金をしても返済がしやすかった。一方、フランスの税の基盤であった土地税の収入は、経済成長があ

表2　イギリスとフランスの直接税・間接税比率

（単位：%）

年度	直接税		間接税		その他	
	イギリス	フランス	イギリス	フランス	イギリス	フランス
1715	27	61	69	34	4	5
1720	26		69		5	
1725	20	48	76	47	4	5
1730	24	48	73	47	3	5
1735	17	59	81	37	2	4
1740	26	48	73	47	1	5
1745	32	57	66	39	2	4
1750	28		71		1	
1755	21	46	76	45	3	9
1760	26		72		2	
1765	22	54	75	42	3	4
1770	18	50	75	45	7	5
1775	18	49	77	47	5	4
1780	21	45	73	51	7	4
1785	18	48	76	46	6	6
1790	17	38	75	51	8	11

出典：Peter Mathias and Patrick Karl O'Brien, "Taxation in Britain and France, 1750-1810: A comparison of the Social and Economic Incidence of Taxes Collected for the Central Governments", *Journal of European Economic History*, Vol. 6, No. 3, 1976, p. 622.

図1　イギリスの種類別税収額（1692〜1788年）

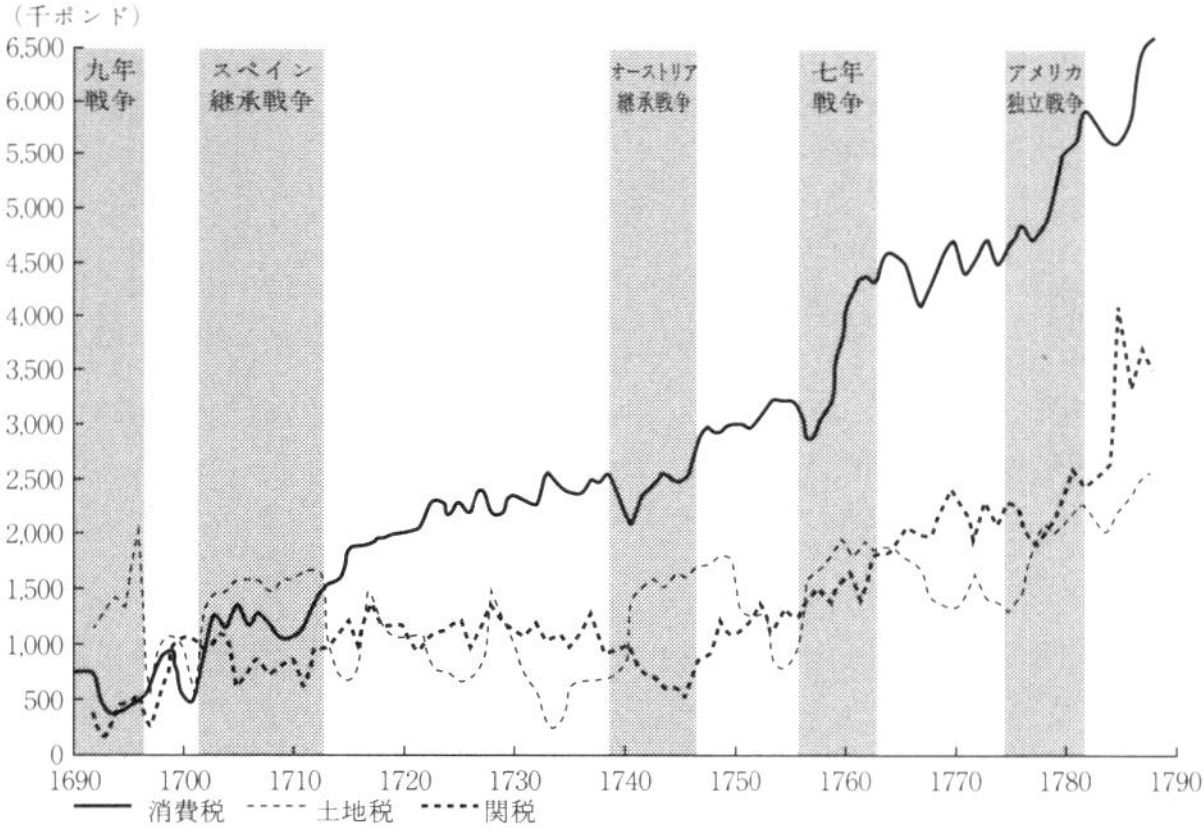

出典：ジョン・ブリュア『財政＝軍事国家の衝撃――戦争・カネ・イギリス国家1688-1783』大久保桂子訳、名古屋大学出版会、2003年〔史料：British Parliamentary Papers, vol.35（1868-69）〕をもとに作成

ってもなかなか伸びず、国庫にはあまり貢献しなかった。だから借金が返済できず、やがてフランス革命へと至ったのだ。借金をしたことではなく、それを返せなかったことが、フランスの問題点だったのである。

両国の税制の差が、一方はヘゲモニー国家になり、他方は革命によって国が破綻するという相違を生み出したのである。

†イギリスの税収増の理由

もう少し詳しく、イギリスの歳入についてみていこう。図1は、イギリスの税収を消費税・土地税・関税に分けたものである。ここから、イギリスの税収の伸びと、それに占める消費税の高さが読み取れよう。

消費税による歳入の増大ができなかったフランスと比較すると、イギリスの優位は明らかであり、この点に、両国の戦費調達能力の相違が読み取れる。そもそも地主の勢力が圧倒的に強いイギリスで、土地税を上げることは困難であった。そのため、間接税、とりわけ消費税を税収源とする必要があったのだ。

イギリスでは、生活必需品には税金はかけられなかった。そのため貧民が負担しなければならない税は少なくてすみ、社会の安定化につながった。税の負担率でみると、貧民に対する課税は免除されるだけでなく、貴族・ジェントリ（地主）の税負担は減少傾向にあったので、中流層（middling sort）と呼ばれる、社会の真ん中あたりの階層に属する人々が、相対的にみて最大の税負担者となった（彼らは、より上の中産階級〔middle class〕とは違う階級に属する）。

†中央集権化から「帝国」形成へ

一八世紀のイギリスでは、イングランド銀行が国債を発行し、その返済を政府が保証するファンディング・システムが発達した。これは、イギリスの財政金融システムが一八世紀の時点ですでに中央集権化していたことを意味する。他国においては、それは一九世紀に可能になったにすぎない。これは、近代イギリス経済の大きな特徴であった。

地方分権制のままヨーロッパ最大の経済大国となったオランダには、中央集権化する誘因がなかった。しかしイギリスは、オランダに追いつき追い越すため、政府が経済に介入し、中央集権化したのである。イギリスは自由放任経済によって産業革命を発生させたとしばしばいわれるが、実態はそうではなく、国家の経済政策の勝利であった。

軍事革命の最終的な勝者は、イギリスであった。イギリスは財政金融システムを中央集権化し、戦費を管理した。そして、世界中で武力を行使したイギリスは、一九世紀になると世界中に植民地ないし半植民地をもった。イギリスは、「帝国」そのものを、国家の利害に沿うようにして形成していったのだ（その具体的過程については、第四章を参照のこと）。それは、イギリスを中心とするヨーロッパの覇権のあり方を明確に示す。

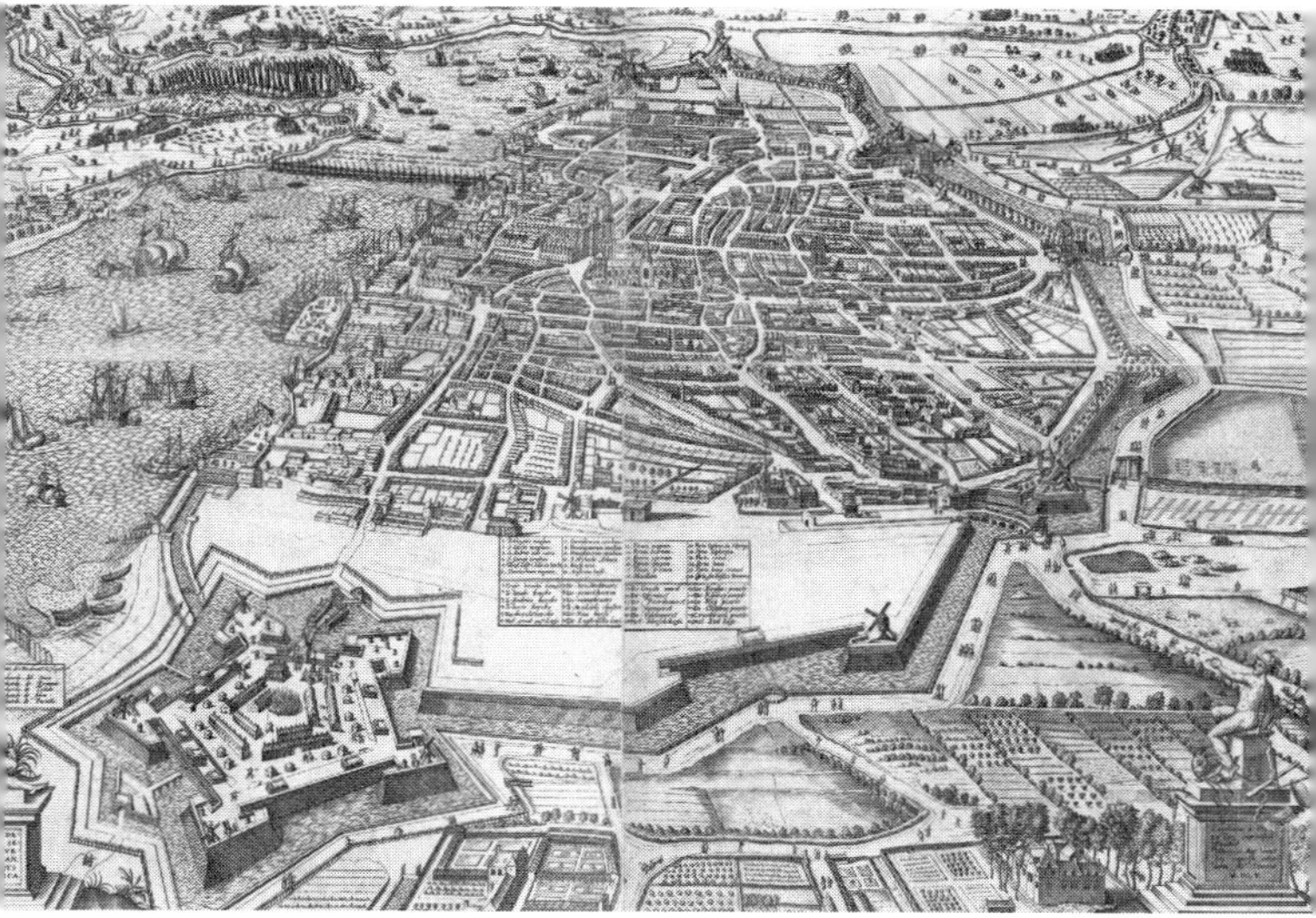

第二章
近代世界システムの誕生

アントウェルペン市街図（1605年、アムステルダム国立美術館）

1　近代世界システムとは何か

†持続的経済成長と近代世界システム

前章で述べたように、ヨーロッパは軍事革命を経験し、その影響で多数の国が多額の借金をしなければならず、国家の財政規模は膨れあがっていった。

このようなシステムは、軍事面のみならず、経済面でも国家間の競争をうながした。そうして生まれたシステムを、アメリカの社会学者イマニュエル・ウォーラーステインは、「近代世界システム」と名付けた。本章では、このシステムについて詳しく論じたい。それはこのシステムこそが、こんにちの世界を形成したと考えられるからである。

現在では、経済が絶えず成長することが当然だと考えられている。そのように、経済が絶えず成長し続けることを「持続的経済成長」という。持続的経済成長は、近代的な経済の特徴だとされる。

それに対し近代世界システムの理論では、ある国の経済成長は、別の国を経済的に収奪するからこそ可能となる。単純化していうなら、工業国が成長するのは、そこに原材料を供給している国が経済的に従属化し、収奪されるからなのだ（すなわち、支配＝従属関係にある）。原材料供給国は、永遠に工業国になることはできず、貧しい国のまま取り残される。したがって、すべての地域が経済成長することはないということになる。

近代世界システムとは、工業国の持続的経済成長と、工業国と原材料供給国間の支配＝従属関係を前提とする社会を生み出したシステムである。しかも、それは拡大を基調とするシステムであり、成長のために常に新たなマーケットを必要とする。ヨーロッパの対外的拡張は、本質的には、近代世界システムのこのような特徴に由来する。

一五世紀末から一六世紀初頭にかけてヨーロッパで形成された経済システムが「ヨーロッパ世界経済」と呼ばれるのは、この時代に近代世界システムはまだ生まれたばかりであり、ヨーロッパしか覆っていなかったからだ。ヨーロッパ世界経済がやがて真の意味での世界経済となる過程は、ヨーロッパの対外的拡張と同時に生じたのである（なお、ここでいう「世界経済」とは、あくまで経済上の統一体であり、帝国や都市国家、国民国家のような政治的統一体ではない）。

それに対し、世界帝国（広大な領土を有する政治的統一体）とは政治単位である。それは、比較的高度に中央集権化された政治システムをいう。このような意味での帝国は、過去五〇〇〇年間におよぶ世界史のなかで、どこにでもみられた。帝国は政治的に中央集権化され、富が周辺部から中央部へと流れた。このような政治機構には官僚制が不可欠であり、富が世界帝国の官僚制の維持のために使われることになった。それは、世界帝国に属する国々にとって大きな経済的負担になった。

一六世紀以前の社会においても、比較的大規模な経済圏はみられた。しかしそれらはすべて、世界帝国になってしまった。たとえば、中国、ペルシア、古代ローマの事例がそれにあたる。その維持のためのコストは莫大であり、経済的な無駄が多かった。しかし、ヨーロッパ世界経済の誕生によって近代世界システムが生まれると、巨大な帝国はなくなり、経済的な無駄がなくなったのである。

また、近代世界システムとは、グローバリゼーションの一形態である。むろん、グローバリゼーションは、それ以前の時代にもあった。たとえば、シュメール文明、フェニキア人の交易、古代ローマ世界、アッバース朝、モンゴル帝国、インド帝国などが拡大したことから生じるグローバリゼーションが考えられるわけだが、それらと近代世界システムのグローバリゼーションとは大きく異なる。

近代世界システムによるグローバリゼーションは、世界が真の意味で一つになったという点で、それまでのグローバリゼーションとは大きく違っているのだ。近代世界システムによって、世界は覆われたのである。

さらに、近代世界システムによって、持続的経済成長が、初めてグローバリゼーションの要素として加わった（すなわち、それ以前のグローバリゼーションは、持続的経済成長を実現するには至らなかったのである）。

近世のヨーロッパで生まれたグローバリゼーションだけが、政治的な統一体である世界帝国を形成せず、経済競争をおこなう世界経済となった。競争の単位は主権国家であり、各国が飽くことなく利潤を求めて競争した。

そして、経済的には、持てる者と持たざる者の格差が広がっていった。このシステムは、経済的不平等を生産するシステムなのだ。

†近代世界システム拡大の理由

世界帝国では、中央が政治的な支配をし、武力を独占する。そのため、内部での競争が起こらない。それに対し近代世界システムが生まれた西欧では、国家を単位とした競争が発生した。それは、一七〜一八世紀の重商主義時代のことであった。

西欧諸国は、その経済力を用い、最終的には軍事的な競争をした。西欧では、武器をはじめとする戦争技術が発展し、武器をもったヨーロッパ人は、やがてアジアにまで進出した。このようなシステムを有したヨーロッパがどんどん他地域をみずからの「ヨーロッパ世界経済」のなかに組み入れ、世界を支配することになった。ヨーロッパ世界経済は、真の意味での「世界経済」へと変貌を遂げたのである。この過程は、まさにヨーロッパによるグローバリゼーションといえよう。

「世界システム」という単位は、近世においてはヨーロッパの多くの地域経済を包摂した巨大な経済的単位であった。かつて強大な権力を有し、世界帝国の代名詞であった神聖ローマ帝国は名ばかりの存在になり、国家が経済競争の単位となった。したがって経済的にみるなら、主権国家は世界システムの下位に位置するシステムとして機能した。主権国家と、近代世界システムは併存したのである。

世界システム論の考え方に従うなら、ヨーロッパから世界帝国が消滅し、世界経済が誕生したために各国は政治的・経済的な競争を余儀なくされ、その過程で生まれたのが、主権国家であった。

近代世界システムの原理とは、拡大の原理である。このシステムに属している限りは、新しい経済的利潤を求め、人々は世界のあちこちに出かけてゆく。つまりそれは、領土の拡大、すなわち植民地の獲得という形態をとったシステムである。そして二〇世紀後半になって植民地の獲得ができなくなると、利潤を求めて、発展途上国に工場を建てていった。このような「飽くなき利潤追求」こそが、このシステムの特徴をなす。しかも、それは決して平等な経済システムではなく、支配＝従属関係を含むのである。

†近代世界システムの形成

では、具体的にどのようにして、近代世界システムは形成されたのか。

そもそも近代世界システムとは、政治ではなく、経済のシステムである。それゆえここでは、軍事・財政面ではなく、経済・商業面からこのシステムの形成について論じてみよう。

一六世紀後半から一七世紀前半にかけ、ヨーロッパでは食糧不足が発生していた。たとえば、それ以前には食糧が自給自足できていた地中海は、一六世紀末から北ヨーロッパからの穀物輸入を余儀なくされた。このような時代に食糧をヨーロッパ諸国に供給したのは、バルト海地方、とくにポーランドであった。そのポーランドの穀物を輸送していたのがオランダ船であった。

ポーランドからオランダのアムステルダムに穀物が送られ、さらにそこからヨーロッパ各地にオランダ船によって輸送された。バルト海貿易はオランダの「母なる貿易」と呼ばれ、長くオランダ経済の根幹を支えることになった。東インド会社の貿易は、もし儲かれば高い利益を獲得することができたが、損失も大きかった。それに対しバルト海貿易は、オランダに安定的に利益をもたらしたのである。その中心となったのは、アムステルダムであった。

ウォーラーステインの考えでは、近世のヨーロッパ社会では国際分業関係が成立し、ある国が工業国となり、原材料の輸入国を搾取・収奪するというシステムが成立した。そのようなシステムをつくりあげたヨーロッパが台頭し、やがて世界各地を収奪してゆくことになった。また欧米の発展は、アジアやアフリカ、さらにラテンアメリカの低開発化をもたらし、それは、「低開発の開発」(Development of Underdevelopment) といわれる(このようなウォーラーステインの論の問題点については、第四章で触れる)。したがって、近代世界システムとは、すべての人々が幸福になるシステムではないのだ。

†ヘゲモニー国家

近代世界システムにおいては、工業、商業、金融業の三部門で他を圧倒するような経済力をもつ「ヘゲモニー（覇権）国家」が生まれる。それは「中核国」となり、強大な権力をもち、周辺諸国を収奪する。さらに、「中核」と「周辺」のあいだに、一種の緩衝地帯である「半周辺」が位置する。このようなシステムが、一六世紀中葉のヨーロッパで誕生し、やがて世界を覆いつくした。ウォーラーステインによれば、世界史上、ヘゲモニー国家は三つしかなかった。一七世紀中葉のオランダ、一九世紀終わりごろから第一次世界大戦勃発頃までのイギリス、第二次大戦後からベトナム戦争勃発の頃までのアメリカ合衆国である。なお、ここでいう「ヘゲモニー」とは、経済上のそれであり、政治的なヘゲモニーを意味するものではないことに注意されたい。

一方、イギリスの国際政治経済学者のスーザン・ストレンジによれば、国際政治経済秩序において、「ゲームのルール」を設定し、それを強制できる国家は「構造的権力」と呼ばれる。そこで本書では、国際政治経済秩序ではなく、経済・商業世界の「ゲームのルール」を決める国を、「ヘゲモニー国家」とする。

ところで、すでに述べた通り、近代世界システムは「持続的経済成長」を特徴とする。ときおりマイナス成長になることはあっても、経済成長はずっと続くと、われわれは信じてきた。正確にいえば、信じさせられてきた。自分が働いている企業はどんどん大きくなり、賃金は上がる。そのような社会を、われわれは当然のことだと考えている。しかし、歴史的にみれば、それは比較的最近実現されたことであった。

†一七世紀のオランダ

一七世紀のオランダがその最初の事例であった。だからこそオランダを、「最初の近代経済」と呼ぶことさえあるのだ。

最初の近代経済であったオランダは、こんにちのドイツ東部からバルト三国にあたる大農場制度地帯＝グーツヘルシャフト地帯を、オランダ経済に従属させた。この地域から西欧に輸出される穀物の八〇パーセント近くが、オランダ船で輸送されていた。そうしてオランダは、海運業を発展させることで圧倒的な経済力を獲得し、ヘゲモニー国家になった。

グーツヘルシャフト地帯は、オランダの船がなければ、穀物を輸出できなかった。そのような意味で、グーツヘルシャフト地帯はオランダに従属していたといえよう。

一七世紀中頃の近代世界システムはヨーロッパ内部にとどまるものであったとはいえ、新世界から銀が流入しており、同地域との経済関係はあった。しかし、まだヨーロッパと新世界の諸地域とが支配＝従属関係にあったわけではなかった。このときにヨーロッパでもっとも経済力があった国が、オランダだったのである。

さらに、近代世界システムの形成に際しては、ポルトガルとスペインの対外的拡張も、大きな影響を与えた。それについては、次章で述べたい。そこでは、なぜスペインやポルトガルがヘゲモニー国家になれなかったのかという理由を提示する。

2　アントウェルペンからアムステルダムへ

†アントウェルペンの重要性——近代世界システムの前段階

アムステルダムがヨーロッパ世界経済の中心都市になる前は、現在のベルギーに位置するアントウェルペン（アントワープ）こそが、ヨーロッパ経済の中心都市であった（まだヨーロッパ世界経済は成立していない）。この都市はヨーロッパの金融、さらには貿易の中心であった。

大航海時代がはじまる一五世紀末になると、アントウェルペンには、ポルトガルからアフリカ産の植民地物産が輸入されるようになる。さらにポルトガル商人は、南ドイツやハンガリーの銅をここで購入した。

南ドイツ産の銀・銅、さらにポルトガルを経由してヨーロッパに流入した香辛料が、アントウェルペンに送られた。それが、同市を国際都市にする原動力として機能していたのである。

さらに、新世界からの銀が加わった。スペイン領アメリカから銀を輸入することで、アントウェルペンの利益はさらに拡大した。ヨーロッパの金融市場の中心となったこの都市の顧客には、ポルトガル王、イギリス王、コシモ・ディ・メディチまでも含まれるようになった。そのために、アントウェルペンは、フランス最大の金融市場であったリヨンさえ抜き、ヨーロッパ最大の金融市場へと成長したのである。

また一六世紀の第3四半期まで、アントウェルペンは、ロンドンから輸出される未完成毛織物のほとんどが送られる都市であり、そこで完成品となった毛織物は、さまざまな地域に輸送されていた。アントウェルペンの染色技術がすぐれていた背景には、ヨーロッパ経済の中心であったこの都市に商業情報が流れ、マーケティングに秀でており、どのような染色をすれば売れるのかがわかっていたことがある。

イギリスの歴史家フレデリック・ジャック・フィッシャーによれば、イギリスは一六世紀前半には貨幣を悪鋳（貨幣中の銀の比率を低下させる）し、そのためポンド安になって毛織物輸出が伸びていたのが、世紀半ばになると、それをやめたためポンド高になり、毛織物輸出は伸びなくなった。これは、あまりにも銀の含有量を減らしすぎたために、ポンドの信用がなくなったのを、回復させる狙いがあったものと思われる。

このようなイギリス人による通貨操作は、おそらくイタリアからアントウェルペンを通じてロンドンに伝えられた。イギリス史家ブランチャードは、こ

ハンブルクの価格表

れを「金融のディアスポラ（離散）」と呼んだ。

アントウェルペンはまた、一六世紀半ばに、他都市に先駆けて「取引所」(bourse)をつくり、さらに取引所における商品の価格を記した「価格表」(price current)を作成した。やがて、アムステルダムやハンブルクをはじめとして、それを真似る都市がヨーロッパで多数誕生した。これはむしろ、アントウェルペンと取引するためには、同じ商慣行を採用しなければならなかったためであると考えるべきであろう。

†アントウェルペン商人のディアスポラ

次に、近代世界システムの形成過程を、もう少し違う角度からみていこう。ここでは、アントウェルペンからアムステルダムへという、ヨーロッパ経済の中心都市の移行を基軸に据える。

アントウェルペンとほぼ同時期に、アムステルダムとハンブルクでも取引所がつくられた。これは、アントウェルペン商人の影響だと考えられる。アントウェルペンに来たアムステルダム・ハンブルク商人、ないしアントウェルペン商人がアムステルダム・ハンブルクに赴くことで、両都市の取引所ができたと推測することができよう。

低地地方や北ドイツの経済発展には、ベルギー史家ブリュレがいう、「アントウェルペン商人のディアスポラ」が寄与した。ブリュレは、一五八五年にスペイン軍によってアントウェルペンが包囲され、陥落したために、アントウェルペン商人が各地に移住したことを「アントウェルペン商人のディアスポラ」と述べた。しかし実際には、それ以前から「アントウェルペン商人のディアスポラ」ははじまっていた。

「アントウェルペン商人のディアスポラ」によって、アントウェルペンで取引をしていた商人を中心とする均質的な商人のネットワークが各地に拡大していった。まったく商慣行が違う人々のあいだで通商関係をもつことは非常に難しい。同じような商慣行をもつ商人たちのあいだでの商取引は、それと比べるなら非常にスムースに実行される。アントウェルペン商人が築いたネットワークが各地に拡大する過程こそ、近代世界システムの拡大過程だとみなせるのは、そのためである。彼らが創出した均質的な商業世界がやがて世界を覆い、世界が一体化していったのである。

しかし、最初のヘゲモニー国家になったのはオランダであり、その中心都市はアムステルダムであった。アントウェルペンは、近代世界システムの成立に貢献したが、その中心にはなれなかったのだ。

近代世界システムの特徴は、支配＝従属関係にある。アントウェルペンにはそれをつくることができず、アムステルダムにはそれが可能だった。アントウェルペンの商業圏は、アムステルダムのそれと比較してはるかに小さかった。しかも、一五八五年にスペイン軍によって陥落させられると、都市機能は麻痺してしまったのである。

†アムステルダムへの移住

現在の研究では、アントウェルペンからアムステルダムへの人々の移住は、スペイン軍の攻撃によりアントウェルペンが陥落する一五八五年以前の一五四〇年代からすでにはじまっていたとされる。

アムステルダムの商業発展については、より商業が発達していたアントウェルペンからの移民が貢献したと考えられる。アントウェルペンで育んだ商業ノウハウとともに、アントウェルペン商人がアムステルダムに移住したのだ。アムステルダムに独自の商業ノウハウがあったとは、あまり考えられない。

また、アントウェルペンの命運はすでにつきかけており、それに対しアムステルダムにはより多くのチャンスがあったという可能性も否定できない。いずれにせよ、アントウェルペン商人が、アムステルダムの発展に対し大きな貢献をしたことは間違いない。

また、「アントウェルペン商人のディアスポラ」は、アルプス以北の北方ヨーロッパの経済発展に大きく寄与した。彼らの商業技術・ノウハウ、さらには商人ネットワークを、アントウェルペン以外の地域の商人が使えるようになったからである。


アムステルダム市街図（アムステルダム国立美術館）

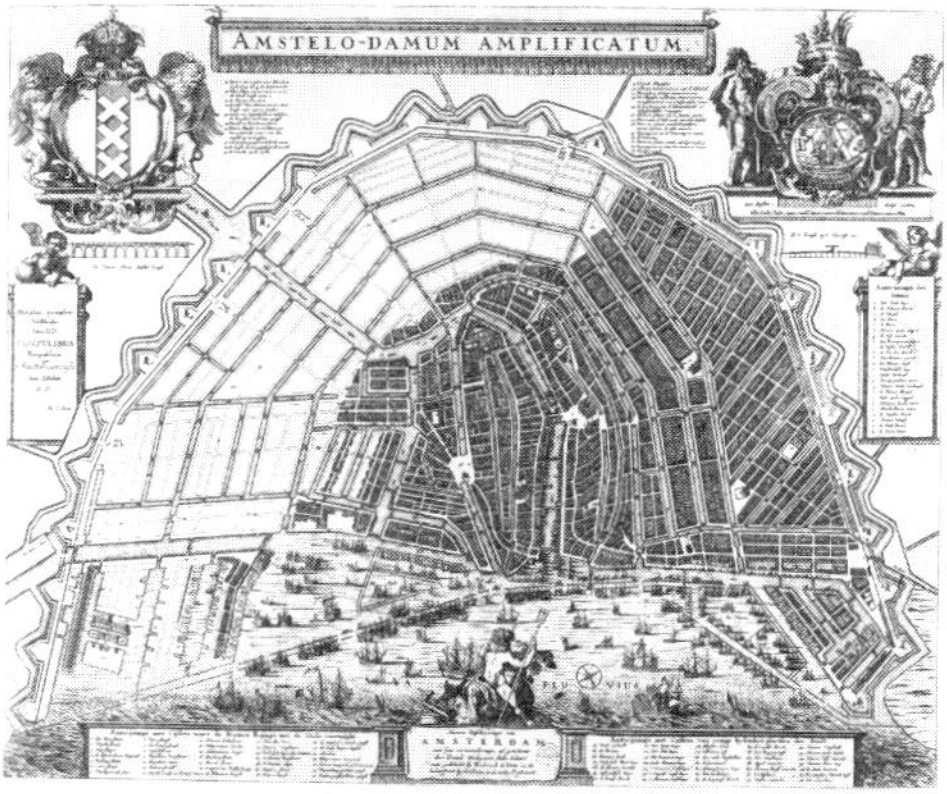

†ハンブルクへの移住

一六〇〇年頃には南ネーデルラント（現在のベルギー）からハンブルクへと移住する商人が増え、その中核をなしたのがアントウェルペン商人であったことは間違いない。「アントウェルペン商人のディアスポラ」は、エルベ川河口に位置する貿易港であるハンブルクの経済発展にも、大きな影響を与えた。

アントウェルペンには、イベリア系ユダヤ

人のセファルディムも移住していた。またアントウェルペンは、「ジェノヴァ人の世紀」(一五五七～一六二七年)を迎えたイタリアのジェノヴァとの商業関係も密接であった。そのような商業関係の一部が、ハンブルクに移植されたのだ。

また、イギリスの毛織物輸出を独占したマーチャント・アドヴェンチャラーズ(冒険商人組合)の輸出基地といえるステープルが一五六七年にアントウェルペンからハンブルクに移動したときも、アントウェルペンの有名な商家が、ハンブルクにまで移動していた。また、ハンブルク商人も、アントウェルペンまで出かけて商業に従事していた。

したがって、マーチャント・アドヴェンチャラーズのステープルが、商人のネットワークに変化を及ぼしたとは思われないのである。むしろ、北西ヨーロッパ商人のネットワークの拡大とみなすべきであろう。これも、「アントウェルペン商人のディアスポラ」の一部とみなすことができるのだ。

アントウェルペン商人がもっていた商業ネットワークの一部がハンブルクにもたらされ、ハンブルクがやがてヨーロッパを代表する貿易港になることを助けたのである。

†アムステルダム商人のディアスポラ

アントウェルペン商人の移住先として、もっとも重要だったのは、ほぼ間違いなくアムステルダムであった。

アムステルダムは、ヨーロッパの穀物貿易の中心であった。アムステルダムには巨大な穀物庫群があり、そこにたくさんの穀物が貯蔵されていた。さらにその穀物が、ヨーロッパ各地に輸出された。一般に、オランダは貿易によって繁栄したとされるが、それは正確な見方ではない。オランダは、海運業によって繁栄を謳歌したのである。

貿易での利益とは、ごく単純にいえば、たくさんの商品を外国に売ることによる利益である。それに対し、海運業での利益とは、商品を運搬することによる利益である。オランダは、船を使っていくつもの国の商品を輸送することから得られる手数料収入によって儲けていた。オランダ船の数は、ヨーロッパ全体の船舶の半分から三分の二を占めていたという説さえある。ヨーロッパのさまざまな商品を輸送するのは、オランダ、とくにアムステルダム船であり、その中心となる商品は、ポーランド産の穀物であった。オランダのヘゲモニーは、その穀物の輸送に大きく依存していたのである。

表3からわかるように、アムステルダムに居住する人々のなかで、同市出身の人の比率は少ない。アムステルダムの全盛時代の一七世紀においては三〇パーセント台であり、そ

れ以降も五〇パーセント台にすぎない。さらに、オランダ国内だけではなく、外国からの移民も多い。しかしながら、アムステルダムの人口はそれほど増えていない。このことから、アムステルダムに来た人々の中にも、一世代のうちに、あるいは一〜二世代後に、他の地域に移住した人が多かったことがわかる。

すなわち、アムステルダムの商業のノウハウ、さらには商業情報が、彼らによって西欧のさまざまな地域に伝えられたのである。これは、「アムステルダム商人のディアスポラ」と呼んでも差し支えのない現象である。これにより、均質的な商業世界がさらにヨーロッパに広がっていった。それは、「アントウェルペン商人のディアスポラ」以上のインパクトを、ヨーロッパ商業に与えた。このような均質的な商業世界の拡大もまた、近代世界システムの特徴である。

商業世界が均質化すると、当然、商業情報の流通は容易になり、取引はスムースにおこなわれる。だからこそ近代世界システムのもとでは、効率的な商取引が可能になった。

しかしその一方で、商業情報や商業慣行が均質化してくると、そのモデルとなった国や地域、さらには都市に位置することが有利になる。なぜなら、そのような場所で活動する者たちが商業活動の「ゲームのルール」、換言すれば、商業上の文法を決定する力をもっ

表3　アムステルダムの人々の出身地

（単位：人）

出身地	1600年	1650年	1700年	1750年	1800年
アムステルダム(A)	20,000 30.0%	70,000 38.9%	125,000 53.9%	112,000 51.0%	117,000 53.2%
他のホラント都市	2,500 4.0%	10,000 5.5%	9,000 3.5%	7,000 3.3%	10,000 4.2%
ホラント農村部	4,000 6.0%	7,000 4.0%	7,000 3.3%	4,000 2.3%	6,000 3.0%
オランダの他地域	13,000 20.0%	23,000 13.5%	32,000 14.0%	35,000 15.9%	36,000 16.2%
国内からの移民合計(B)	19,500 30.0%	40,000 23.0%	48,000 20.8%	46,000 21.5%	52,000 23.4%
ドイツ	16,000 25.0%	35,000 20.0%	32,000 14.0%	40,000 18.0%	43,000 19.5%
ベルギー・フランス	4,500 6.5%	11,000 6.5%	7,000 3.0%	1,000 0.3%	1,000 0.4%
イギリス	1,000 1.5%	1,000 0.5%	1,000 0.3%	1,000 0.3%	1,000 0.4%
他の外国*	4,000 7.0%	4,000 11.0%	18,000 10.0%	17,000 8.9%	20,000 3.1%
外国からの移民合計(C)	25,500 40.0%	65,000 38.0%	57,000 27.3%	62,000 27.5%	51,000 23.40%
合計(A+B+C)	65,000	175,000	230,000	222,000	222,000

＊スカンディナヴィア系の名前

出典：Jan Lucassen, "Immigranten in Holland 1600-1800 Een kwantitatieve benadering", Centrum voor de Geschiedenis van Migranten Working Paper 3, Amsterdam, 2002, p. 25, table 5.

ているからである。

「ヨーロッパ世界経済」が拡大し、「世界経済」になる過程とは、一種のグローバル化であり、経済活動に必要なさまざまなコストが低減してゆき、ヨーロッパとそれ以外の地域のあいだに支配＝従属関係が生み出される行程でもあった。この過程は、本書の他の箇所で述べているように、軍事革命や財政システムの発展、さらには、大西洋経済の発展とリンクしていた。

3　近代世界システムに貢献した事物

†グーテンベルク革命の影響

「アムステルダム商人のディアスポラ」によるヨーロッパ商業世界の均質化は、活版印刷の普及、すなわちグーテンベルク革命によって、大きく進んだ。

グーテンベルク革命とは、あるいはあまり耳慣れない用語かもしれない。これは、グーテンベルクが発明ないし改良した活版印刷術が、社会に大きな影響を与えたため、ヨーロッパ世界が大きく変わったことを意味する。

均質的な商業世界の創出に、活版印刷の普及は大きく貢献した。アントウェルペンやアムステルダムの商業情報が、活字の新聞に掲載され、さらにはこの二都市の価格表が印刷されて、ヨーロッパの多くの場所に出回ったからである。アントウェルペンやアムステルダム商人のディアスポラは、グーテンベルク革命の影響もあり、西欧全土にわたる均質的な商業世界の創出に寄与した。

グーテンベルク革命により、書物の量は著しく増加した。それ以前には一部の聖職者にかぎられていた読み書き能力は、それ以外の階層へと大きく広がり、ヨーロッパ人の識字率は大きく上昇した。さらにプロテスタントの側に立てば、聖書の自国語での出版のきっかけとなり、宗教改革へとつながっていった。

グーテンベルク革命は、「発話」ではなく印刷された「文字」を用いることで、より正確な情報を伝えることを可能にした。手書きの商業書類は中世から作成されていたが、印刷されると、同じ形式の書類が急速に増大した。すなわち、グーテンベルク革命により、商業情報と商業慣行が均質化され、商業活動遂行のための費用低下につながったのである。

それは、商業史上非常に重要なことであった。

商業情報と商業慣行が均質化したことは、近代世界システムの拡大へとつながっていった。そして、その中核にアムステルダムが位置した。それは、オランダというヘゲモニー国家に不可欠な構成要素であった。近代世界システムは、そのような社会に産み落とされたのだ。

†ナショナリズムの誕生

近世のヨーロッパでは、たくさんの戦争が戦われた。それは、主権国家が生まれるきっかけになった。さらに、それによりナショナリズムが生まれた。

国家が戦争状態にあれば、敵国に対する憎悪感が増していく。そのため、ナショナリズムが高揚することになる。たとえば、イギリス人の歴史家リンダ・コリーは、一八世紀のイギリスでは、カトリック国のフランスと戦争をするうちに、自分たちはプロテスタントのイギリス人（ブリテン人）であるというナショナリズムが生まれたと主張した。このようなことは、多かれ少なかれ、近世のヨーロッパ諸国にみられたものである。それが、いわゆる主権国家が誕生するときのヨーロッパの姿であり、イギリスは、その代表であった。

ナショナリズムとは、主権国家＝近代国家の形成に不可欠の要素であった。それは、国家と国民が結びつくための媒介であり、国家間の経済競争を個人の次元での経済競争にするための装置であり、国家と個人の両方にとって、経済競争のエネルギー源となった。

中世の人々にとって、国家とは、自分たちの生活とはまったく関係のないものであったろう。たとえば、自分はロンドンで生まれ、ヨークに行って働いたという意識はあっても、自分がイギリス人だという意識はなかった。

しかし、戦争は国と国のあいだで戦われた。中世と比べると、戦争の規模ははるかに大きくなり、人々はだんだんと国家というものを意識するようになった。そして、自分たちがイギリスという国に属しているという意識が芽生えたのだ。

むろん、フランスにおいても、自分たちがパリ人であるとか、マルセイユ人であるとかいう意識はあっても、フランス人という意識はなかった。フランスに住む人々にも、プロテスタントであるイギリス人に対抗するという意味での、「カトリックのフランス人」という意識が植えつけられたのである。

戦争はナショナリズムを育み、国家と個人を結びつけ、商業活動を国家が保護する理由を提供した。

さらに、近代世界システムの視点からは、国家が競争の単位となって支配地域が拡大していった。各国の植民地獲得のためにも、ナショナリズムの高揚は不可欠だったのである。

†「未開拓の土地」と近代世界システム

経済学に「未開拓の土地」(ghost acreage)という用語がある。未開拓の土地があれば、経済は成長するということである。

近代世界システムとは、新たなマーケットを絶えず求めるシステムであり、だからこそ、持続的経済成長が可能になるのだ。そのために、「未開拓の土地」を必要とする。世界のあらゆるところに新たなマーケットがあり、ヨーロッパがたまたま発見した新しいマーケットが新世界であったのだ。

ヨーロッパ人は、新世界に「未開拓の土地」をみつけた。新世界の開発こそが、ヨーロッパ人にとってとてつもなく重要になったのだ。すると当然、大西洋貿易との関係がクローズアップされるはずである(このことについては、次章で触れたい)。

いま述べたような原理で、ヨーロッパは、未開拓の土地を求め、ヨーロッパ外世界へと拡大した。その先頭に立ったのは、ヘゲモニー国家オランダではなく、イベリア半島にあるスペインとポルトガルであった。そしてこのことは、オランダを中心とした近代世界システムの形成と大きく関係していた。スペインとポルトガルの新世界の植民地からアムステルダムに、銀や砂糖が流入したからである。

†ヨーロッパ外世界へ

アントウェルペンで生まれた均質的な商業世界が拡大し、アムステルダムを中心とし、西欧の多くの地域にわたる均質的な商業世界が誕生した。この過程は、近代世界システムの形成と同時期に生じた。近代世界システムとは、均質的な商業世界が拡大することを意味する。ヨーロッパが拡大することによって、ヨーロッパがつくりあげた世界が拡大し、結果的に均質化し、経済活動にかかるコストが低下した世界が拡張していったのである。近代世界システムとは、ヨーロッパが主体となり、覇権を獲得していったグローバリゼーションのことでもあるのだ。

グローバリゼーションには、決して良い面だけがあるわけではないのは、言を俟たない。ヨーロッパ世界の拡大によるグローバリゼーションは、ヨーロッパ外世界の植民地化の過程でもあったからである。

その先頭を切ったのは、先ほど述べた通り、イベリア半島に位置する二国――ポルトガルとスペイン――であった。この二国のヨーロッパ外世界への拡大については、次章で取り扱う。

第三章
大西洋貿易とヨーロッパの拡大

ジョージ・モーランド「奴隷貿易」(1791年、アムステルダム国立美術館)

1　弱いヨーロッパ

†大西洋の重要性

近世になると、ヨーロッパ世界は大きく拡大した。一五世紀から、ヨーロッパ諸国は、植民地をもつ帝国となった。それは、近代世界システムという形態をとって、ヨーロッパが世界を支配するというグローバリゼーションの端緒となった。

一八世紀のヨーロッパにとっては、アジア貿易よりも大西洋貿易のほうが重要であった。たとえばオランダ経済史家ヤン・ド・フリースによれば、「喜望峰回りのルート（ケープルート）よりも、大西洋貿易のほうが圧倒的に取引額の伸びが大きかった」のであり、「おそらく一六〇〇～五〇年（「一七世紀の危機」）をのぞいて、大西洋貿易は、長期的には、アジアと比較して二倍以上のスピードで増大したのである」。

大西洋貿易はヨーロッパ諸帝国の植民地と本国の貿易であったが、この貿易の拡大は、帝国間貿易の発展ももたらした。換言すれば、各国の大西洋貿易ルートを結ぶ貿易も発展したのである。それにはたとえば、イベリア系ユダヤ人のセファルディムが大きく関与した。

大西洋において、帝国貿易と帝国間貿易の両方が発展したからこそ、ヨーロッパ経済は発展できた。主権国家は、ヨーロッパの帝国化（主として大西洋帝国）とともに成立した。主権国家の成立は、ヨーロッパ諸国の「帝国化」（南北アメリカやアジアの植民地化）とリンクさせて考察すべきである。いい換えるなら、近代世界システムという形態でのグローバリゼーションは、主権国家の形成と帝国化を特徴としたのである。

近代世界システム誕生以前にも、グローバリゼーションを伴う世界システムはいくつもあったと推測される。しかしそれらのどれもが、主権国家や持続的経済成長を欠いており、現代世界を形成するようなシステムにはならなかったのだ。

†包囲されたヨーロッパ

第一章で示したように、そもそもヨーロッパは軍事革命までは、他地域よりも軍事的に優位に立つことはなかった。経済的にも、ヨーロッパはむしろ貧しい地域であったろう。

他地域のほうが、軍事面・経済面で、ヨーロッパより強力であったのだ。

近世において、ヨーロッパ諸国は強国になりつつあった。徐々にではあるが、ヨーロッパ外世界に進出できたのは、軍事力が他地域よりも強かったからにほかならない。だが、ヨーロッパが近世以前から軍事的に他地域よりも強力であったわけではない。たとえば、すでに述べたように、十字軍では、イスラームの軍隊に敗北したのである。

ヨーロッパの拡大についてみる前に、ここではまず、一六世紀以前のヨーロッパと他地域との領土の関係をみてゆきたい。イスラームの脅威こそ、ヨーロッパが感じた最大の脅威であったからだ。

†古代ローマからビザンツ帝国へ

時代を遡らせ、古代ローマ時代をみてみると、ローマ帝国は、いくつかの外敵には勝利したが、場合によっては、敗北することもあった。地中海以外の地域で、他を圧倒するほどの軍事力を持ち合わせていたわけではなかったのだ。

ローマ帝国の後継者であったビザンツ帝国は、ユスティニアヌス一世（在位 五二七〜五六五年）の時代に領土を広げ、古代ローマと同様、地中海を「われらが内海」とした。

しかし、このような偉業は長くは続かなかった。

†イスラームの世紀

七世紀初頭、ムハンマドによってイスラーム教が広まると、イスラームの勢力は、急速に拡大し、アラビア半島はイスラームの勢力下に入った。

地図３　アッバース朝最盛期の領土

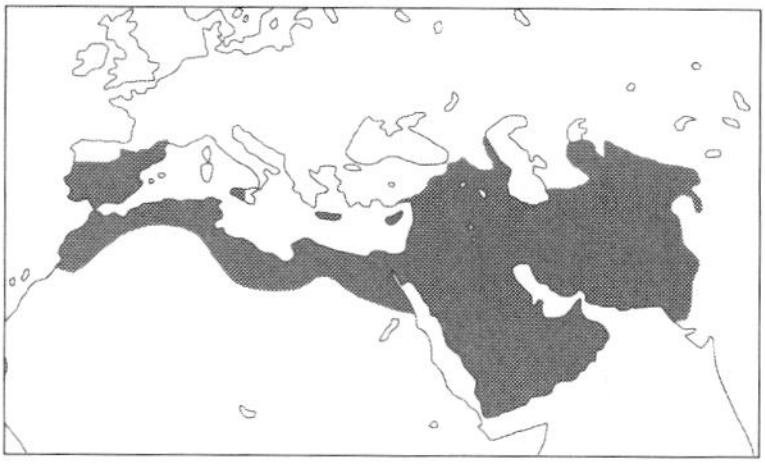

さらに正統カリフ時代（六三二〜六六一年）になると、東はシリアからペルシア、西はエジプトがイスラーム勢力のもとに入り、ウマイヤ朝時代（六六一〜七五〇年）には、東はトランスオクシアナ（中央アジアのオアシス地域）、そして西はアフリカ沿岸、ヨーロッパではイベリア半島の大半が勢力下に入ったのである。

七世紀のイスラーム勢力の拡大は世界史上特筆すべきものであった。その頃の地中海は、ヨーロッパ人の海ではなくなっていた。ヨーロッパとは、イスラーム勢力に囲まれた地域を意味するようになったのだ。

さらにアッバース朝（七五〇～一二五八年）は、その最盛期には、領土は、西はイベリア半島から東は中央アジアにまで及んだ（地図3）。アッバース朝の首都バグダードは、唐の都長安と並び称されるほど繁栄した。七三二年、トゥール・ポワティエ間の戦いで、フランク王国の宮宰カール・マルテルがウマイヤ朝のイスラーム軍を破ったことが知られるが、逆にいえば、ヨーロッパ側にはその程度しか目覚ましい勝利はなかったのである。

†オスマン帝国の脅威

イスラームからの攻勢はその後も続く。一五二六年、オスマン帝国の皇帝スレイマン一世（在位　一五二〇～六六年）はハンガリーを攻撃し、国王ラヨシュ二世を戦死させ、ハンガリー王国に壊滅的打撃を与えた。さらにスレイマン一世は、二カ月間近くにわたり神聖ローマ帝国の帝都ウィーンを包囲した。そのためウィーンは、陥落寸前にまで至り、包囲の結果、バルカン半島は、オスマン帝国の支配下に入った。

一五三八年のプレヴェザの海戦では、オスマン帝国は、スペイン・ヴェネツィア・ローマ教皇の連合軍を破り、同帝国の制海権は、東地中海だけではなく、西地中海にまで及んだ。確かに一五七一年のレパントの海戦で、オスマン帝国海軍は、スペイン・ヴェネツィア・ローマ教皇の連合軍に敗れたが、それは、オスマン帝国にとって大きなマイナス材料にはならなかったとされる。地中海の制海権は、なおオスマン帝国に属していたからである。

ヨーロッパは、脅威であるオスマン帝国と戦うためにも、軍事的に強くなる必要があった。それが、ヨーロッパの軍事革命が生じた大きな要因の一つであった。

†タタールのくびき

ヨーロッパは、イスラーム勢力以外に、モンゴル勢力にも大きな敗北を喫した。バトゥは、モンゴル帝国の第二代皇帝であるオゴデイ(オゴタイ)の命を受け、ヨーロッパ遠征のための総司令官となった。バトゥ率いるモンゴル軍はヨーロッパ諸国の軍隊と戦い、いくつもの勝利を収めた。一二三八年には、ウラジーミル大公国を破り、大公であったユーリー二世を戦死させた。これ以降、二五〇年近くにわたり、ロシアはモンゴル人によって支配されることになった。これを、「タタールのくびき」という。

さらに一二四一年、ポーランド西部のレグニツァの戦い(世界史では「ワールシュタットの戦い」として知られる)で、モンゴル軍はポーランド・ドイツ連合軍を破り、またバト

バトゥ軍とハンガリー軍との対決

出典：ロバート・マーシャル『図説 モンゴル帝国の戦い』（東洋書林、2001年）

ゥはハンガリー軍を撃破し、その勢いを買って軍はウィーン近郊にまで攻め入るが、オゴデイが急死したため、撤退した。これらのことからもわかるように、ヨーロッパの軍隊は、モンゴルの騎兵戦術には勝てなかったのである。

　このように、ヨーロッパの軍隊は弱く、イスラームやモンゴルと戦争をすると、ほぼ壊滅状態に至った。つまり、ヨーロッパが、陸上ルートによって東へと出ていくことは考えられなかったのだ。だからこそヨーロッパは、アフリカ大陸を南に下り、喜望峰を経て、インドに行くほかなかったのである。

2 ヨーロッパの拡大

†十字軍とレコンキスタ

ヨーロッパにイスラーム教徒が進入したため、彼らを追放しようという動きが、中世のイベリア半島で盛んになった。ちょうどその頃、より正確には一〇九六年に、十字軍がおこり、キリスト教徒であるヨーロッパ人は聖地イェルサレムをイスラーム教徒から奪回しようとした。これは、見方を変えれば、イスラーム勢力に囲まれていたヨーロッパが、その包囲網を打破しようとした動きだと解釈できよう。

十字軍は、軍事的には成功しなかったが、このときヨーロッパは、イスラーム世界の進んだ学問、さらには西洋古典の文化を導入することに成功した。たとえば序章でも述べたように、中世になって長いあいだ忘れられていたアリストテレスの著作に、ヨーロッパ人はイスラームを通じて接するようになった。そのようにして、ヨーロッパ人はみずからの無知を発見したのだ。それと同時に、イスラーム勢力の強力さを知り、イスラームの支配領域を越えて、東方に行くことは不可能だと悟ったのである。

一方、あまり知られていないことだが、イスラームの学問は、イベリア半島経由でもヨーロッパに流入した。それが知られていないのは、イベリア半島ではイスラーム教徒の追放運動（レコンキスタ）に成功し、イスラームの影響を断ち切ることができたと考えられてきたためであろう。

レコンキスタの延長線上で、ポルトガルは、アフリカ西端にあるセウタを、一四一五年に獲得した。これは、古代ローマ時代を除くなら、ヨーロッパが最初に獲得したヨーロッパ外の植民地である。

ヨーロッパは、サハラ砂漠南側のギニアからイスラーム商人の手を経て、金《きん》を入手していた。その状況を打破することが、エンリケ航海王子（一三九四〜一四六〇年）の目標であった。これは、イスラームの影響を断ち切ろうとするレコンキスタの延長線上にある運動であった。

ポルトガル人は、サハラ砂漠を通過せず、イスラームの手を経ず、海上ルートでギニアから直接金を入手しようとした。この航海は、なお沿岸航海の枠を出ていない。このようなギニアへの航海と、新世界やアジアへの進出を中心とする大航海時代とを、直接結びつけるわけにはいかない。

大航海時代は、アフリカ大陸西岸交易の発展を基盤として、いつの間にかはじまったのである。

†サハラ砂漠縦断交易

ポルトガルは、一四四四年にサハラ砂漠の南に位置するギニアに達して、イスラーム教徒によるサハラ砂漠縦断交易に依存することなく、直接アフリカ南部の金を入手できるようになった。これにより、はじめて、イスラーム商人の手を経ることなく、ヨーロッパに金が流入することが可能になったのである。これこそ、エンリケ航海王子のヨーロッパ経済に対する最大の貢献であった。

サハラ砂漠縦断交易のために使用された動物は、ラクダであった。数日間水を飲まなくても死なず、食べられる食物の種類も多く、砂地でも歩行できた。積載できる重量は三〇〇～三五〇ポンド（約一三六・一～一五八・八キログラム）あった。さらにオアシスを使えば、食料や水をとることができた。われわれがイメージする通り、確かに砂漠を横切るには危険がつきまとった。しかし、われわれが忘れてはならないのは、地中海やインド洋での航海も、それとおなじくらい危険だったということである。

こうして、ギニアから、大量の金がヨーロッパにもたらされた。その金は、とくに地中海沿岸地域の人々にとって、大きな価値があった。

†ガーナ王国・マリ王国・ソンガイ王国

西アフリカのガーナ王国（七世紀～一〇七六／七七年）の時代、イスラーム商人はサハラの塩床から岩塩を切り出し、ガーナにもってゆき、それを金と交換して、イスラーム世界に持ち込んだ。ガーナ王国は、サハラ砂漠縦断交易を推進する必要もあり、中央集権化したといわれる。ガーナ王国は、領土内に資源をもっていたわけではなく、商業の流通拠点として機能した。

取引される金は、西スーダンのセネガル川上流にあるバンブク地方から産出していたが、やがてニジェール川上流のブレー地方、ついで東のポルタ川の森林地帯へと産地が移動した。

ガーナ王国の崩壊から一世紀以上経って、マリ王国（一二四〇～一四七三年）は建国さ

地図4　西アフリカの中世イスラーム国家

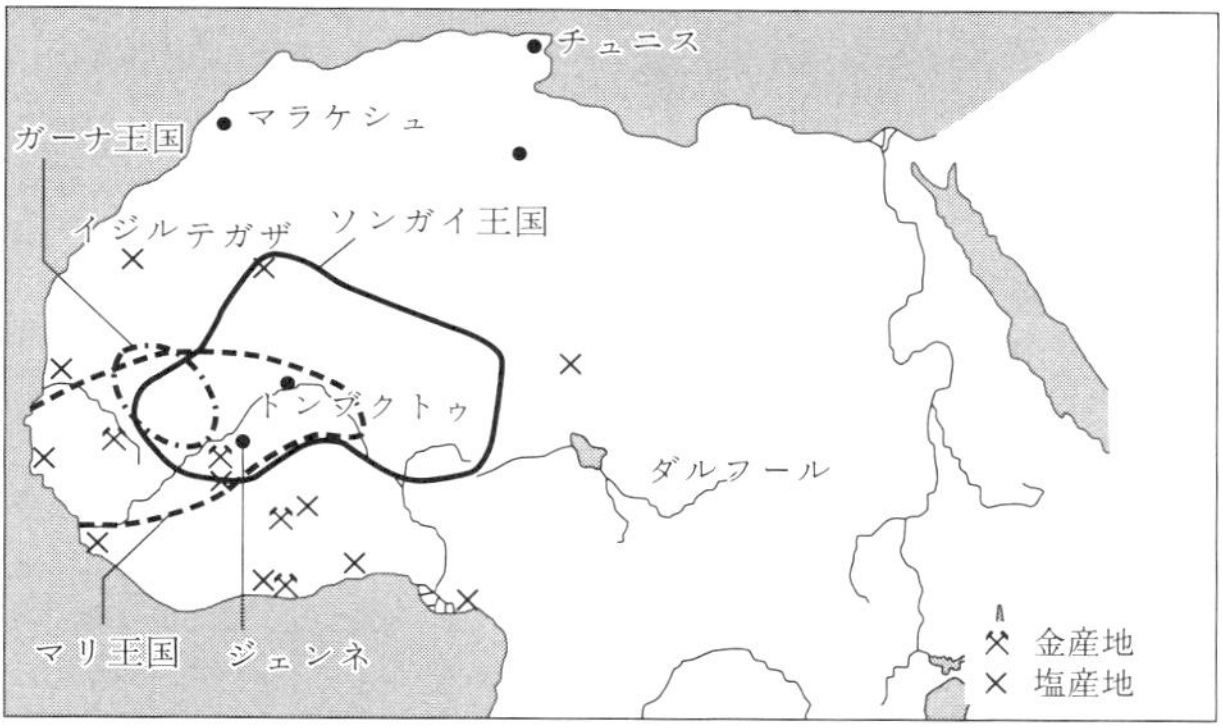

出典：宮本正興・松田素二編『新書アフリカ史』（講談社現代新書、1997年）をもとに作成

れた。マリ王国の領土は大きく、セネガル川の北部から、ガンビア川の南部にまで広がった。マリ王国は、商業の重要性に気づいていたので、商業を促進するような政策をとった。さらに、アフリカ、インド、中央アジア、中国、ビザンツ帝国などを旅行し、『大旅行記』を著したイブン・バットゥータ（一三〇四～六八年）に強く印象を与えるほど、法制度を整備した。さらに領内で、安全かつ透明性のある貿易システムを形成した。

　またマリ王国の国王としてもっとも有名であったマンサ（カンカン）・ムーサ（在位　一三一二～三七年）が、メッカ巡礼に際し、大量の金を奉納したといわれる。マリ王国では、トンブクトゥやジェンネなどの都市が大きく発展した。この二都市間で、ニジェール川を行き来する船によって荷が運搬され、北からの岩塩、南からの金・奴隷などが取引された。マリ王国の経済的基盤は、この塩金貿易にあった。

一四六八年にマリ王国を倒して建国されたソンガイ王国（一四六四〜一五九一年）は、西スーダンの大部分を支配下におさめた。そして、北アフリカとの交易によって栄えた。北アフリカの旅行家であったレオ・アフリカヌスは、一六世紀初頭にソンガイ王国の首都であったゴアを旅行し、長距離貿易が西アフリカの生活にどれほど影響を与えたのかを描写した。さらに、商業の中心であったトンブクトゥのエリート層が所有していた富は多かった。またトンブクトゥの統治者は、金でできた製品を多数所有しており、荘厳で、たくさんの家具のある宮廷をもっていた。

トンブクトゥの栄華については、小説ではあるが、次の記述が参考になるだろう。

市民には金持ちが多いが、とくにトンブクトゥには金満家の商人がたくさんいる。殿下は彼ら商人を厚くもてなし、外国人にさえそうする——彼は外国人の商人にその二人の娘をくれてやったが、それは彼らの富の故であった。トンブクトゥにはあらゆる種類の商品が持ち込まれるが、とくにヨーロッパの布地はフェズよりも高い値で売られている。取引には貨幣は使われず、純金のかたまりが用いられる。小さな支払いには宝貝が使用されているが、それらはペルシアやインドから来たものである。

（アミン・マアルーフ『レオ・アフリカヌスの生涯――地中海世界の偉大な旅人』服部伸六訳、リブロポート、一九八九年、二二四頁、訳文一部変更）

ソンガイ王国は、一五九一年により進んだ武器を有しているモロッコ軍の侵入を受け、結果として領内にいくつかの国家が台頭することになった。さらに、一六世紀になると、西アフリカ産の金の重要性は大きく低下し、サハラ砂漠縦断交易の重要性が失われていった。しかし同時に西アフリカは、奴隷貿易の拠点として重要になってゆく。サハラ砂漠縦断交易から、大西洋貿易へと、貿易のあり方が変わっていったのである。

3　大西洋貿易の台頭

†大西洋奴隷貿易の開始

大西洋貿易は、まずスペイン領アメリカに西アフリカから奴隷が送られ、鉱山で働かされることからはじまった。ここではまず、そのことをみていこう。

表4は、大西洋における奴隷の輸送数を示したものである。一六世紀においては、スペインによる輸送数も多いが、ポルトガルによる輸送がもっとも多い。表5から判断する限り、その多くは、ポルトガルの植民地であったブラジルではなく、スペイン領アメリカに送られたようである。

一六世紀のブラジルでは、プランテーションは未発達であり、西アフリカの黒人は、スペイン領アメリカに、スペイン船のみならずポルトガル船で送られた可能性がきわめて高いのである。これは、この時点では、国家ではなく、商人がみずから組織して商業活動を

表4　大西洋における奴隷の輸送数（航舶ごとの分類）

（単位：人）

	スペイン／ウルグアイ	ポルトガル／ブラジル	イギリス	オランダ	合衆国	フランス	デンマーク／バルト海地方	総計
1501-1525	6,363	7,000	0	0	0	0	0	13,363
1526-1550	25,375	25,387	0	0	0	0	0	50,763
1551-1575	28,167	31,089	1,685	0	0	66	0	61,007
1576-1600	60,056	90,715	237	1,365	0	0	0	152,373
1601-1625	83,496	267,519	0	1,829	0	0	0	352,843
1626-1650	44,313	201,609	33,695	31,729	824	1,827	1,053	315,050
1651-1675	12,601	244,793	122,367	100,526	0	7,125	653	488,064
1676-1700	5,860	297,272	272,200	85,847	3,327	29,484	25,685	719,674
1701-1725	0	474,447	410,597	73,816	3,277	120,939	5,833	1,088,909
1726-1750	0	536,696	554,042	83,095	34,004	259,095	4,793	1,471,725
1751-1775	4,239	528,693	832,047	132,330	84,580	325,918	17,508	1,925,314
1776-1800	6,415	673,167	748,612	40,773	67,443	433,061	39,199	2,008,670
1801-1825	168,087	1,160,601	283,959	2,669	109,545	135,815	16,316	1,876,992
1826-1850	400,728	1,299,969	0	357	1,850	68,074	0	1,770,979
1851-1866	215,824	9,309	0	0	476	0	0	225,609
総計	1,061,524	5,848,265	3,259,440	554,336	305,326	1,381,404	111,041	12,521,336

出典：http://www.slavevoyages.org/tast/assesment/estimates.faces

おこなっていたことのあらわれであろう。

私の推測では、ポルトガルは小国であり、ポルトガル商人は、アフリカ西岸への航海で金を入手するにしても、スペイン商人の協力が必要であり、そのような協力関係が、大西洋貿易でも活用されたのである。

国家の重要性を軽視してはならない。だが、それと同時に商人による非公式のネットワークが、ポルトガルの対外的拡張できわめて大きな役割を果たしていたことを忘れるべきではない。たとえば、イエズス会に代表される布教活動にも、非公式のネットワークが密接に関係していた。

表5から判断するなら、奴隷貿易に関して、一六世紀はスペイン領アメリカの時代、一七世紀の第3四半期まではブラジルの時代、一八世紀は英領カリブ海の時代であったといえよう。当初は国籍にあまり関係なく、商人が自由に活動していたが、一八世紀は、国家の管理が強まっていったと考えられている。イギリス国家は、積極的に経済に介入し、大西洋貿易を発展させた。英仏の新世界植民地獲得戦争が一八世紀の出来事であることから、この時期に国家の力が強くなっていったことは理解できよう。

そもそも商人のネットワークがあり、それを徐々に国家が管理するようになったのだ。

表5　奴隷上陸地域

（単位：人）

	ヨーロッパ	北米大陸	英領カリブ海	仏領カリブ海	蘭領アメリカ	デンマーク領西インド	スペイン領アメリカ	ブラジル	アフリカ	総計
1501-1525	637	0	0	0	0	0	12,726	0	0	13,363
1526-1550	0	0	0	0	0	0	50,763	0	0	50,763
1551-1575	0	0	0	0	0	0	58,079	2,928	0	61,007
1576-1600	266	0	0	0	0	0	120,349	31,758	0	152,373
1601-1625	120	0	681	0	0	0	167,942	184,100	0	352,843
1626-1650	0	141	34,045	628	0	0	86,420	193,549	267	315,050
1651-1675	1,597	5,508	114,378	21,149	62,507	0	41,594	237,860	3,470	488,064
1676-1700	1,922	14,306	256,013	28,579	83,472	22,610	17,345	294,851	575	719,674
1701-1725	182	49,096	337,113	102,333	62,948	10,912	49,311	476,813	202	1,088,909
1726-1750	4,815	129,004	434,858	255,092	85,226	5,632	21,178	535,307	612	1,471,725
1751-1775	1,230	144,468	706,518	365,296	132,091	21,756	25,129	528,156	670	1,925,314
1776-1800	28	36,277	661,330	455,797	59,294	43,501	79,820	670,655	1,967	2,008,670
1801-1825	0	93,000	206,310	73,261	28,654	19,597	286,384	1,130,752	39,034	1,876,992
1826-1850	0	105	12,165	26,288	0	5,858	378,216	1,236,577	111,771	1,770,979
1851-1866	0	476	0	0	0	0	195,989	8,812	20,332	225,609
総計	10,798	472,381	2,763,411	1,328,422	514,192	129,867	1,591,245	5,532,118	178,901	12,521,336

出典：http://www.slavevoyages.org/tast/assessment/estimates.faces

国家は、軍艦を建造し、商人の活動を保護した。つまり、軍事革命は、ヨーロッパ諸国のヨーロッパ外世界における経済活動を保護し、経済成長に寄与したのである。

スペイン、ポルトガルの新世界への進出によって、最初に利益を得た都市はアントウェルペンであった。しかもスペインを経由してヨーロッパに輸入され、さらにアントウェルペンに送られた銀は、アフリカからポルトガル・スペイン船でスペイン領アメリカに輸送された黒人奴隷によって生産されていたのだ。

右に述べたシステムは、おそらく以下のようにして成り立っていた。西アフリカまでは、ポルトガルの都市からポルトガル・スペイン商人がポルトガル船で航海する。西アフリカで黒人を購入したポルトガル・スペイン商人は、スペイン領アメリカまで航海する。そこからポルトガル船ないしスペイン船で、スペインまで航海する。スペインからは、ネーデルラントの船が銀を積載し、アントウェルペンまで航海する。

ただしここで述べたことは、仮説にすぎない。ともあれ、多くの人々はこれまで、たとえば三角貿易においても、すべて当事国の船でおこなわれてきたという暗黙の前提に立っていた。その前提自体に、実はこれといった根拠はない。多くの貿易が、国家から独立した自立的な商人によって担われてきた可能性を否定することはできないであろう。だが、このことについては今後の研究に委ねることとし、ここでは、奴隷貿易の利益が、ポルトガルやスペインに蓄積されず、アントウェルペンに向かった可能性が高いということを示唆するにとどめたい。

†大西洋貿易の概要

大西洋貿易には、さまざまな国が参画した。スペイン、ポルトガル、オランダ、フランス、イギリス、デンマーク、スウェーデン、ブランデンブルク＝プロイセンなどである。当初は、イベリア半島の二国が中心であったが、やがて英仏が台頭し、最後にイギリスが勝利をえた。

大西洋貿易と、南北アメリカ大陸の植民地争奪戦争とは、切っても切れない関係にあった。第二章で述べたように、近代世界システムが拡大のシステムである以上、ヨーロッパが新世界へと領土を広げるのは、当然のことであった。大西洋貿易で経済力をつけたヨーロッパが、第四章でみるように、やがてアジアへと進出したのである。

大西洋貿易は、一七世紀から、おおむねどの国も、西アフリカから奴隷を中南米に輸送し、砂糖（サトウキビ）を生産するという形態をとっていた。スペイン領アメリカから銀が大量にヨーロッパに流入したのは、その前奏曲にすぎない。

西アフリカからブラジル、西インド諸島に行くのは海流の関係から比較的容易であり、奴隷貿易に従事することは、比較的容易であった。ただし、大西洋はあまりに巨大であった。大西洋の面積は約八六六〇万平方キロメートルであり、地中海のそれは、約二五〇万平方キロメートルであった。さらに、北海とバルト海を合わせても、一五〇万平方キロメートルに満たない。これらの数値から判明するように、それまでのヨーロッパ人にとって、大西洋はとてつもなく広大な海であった。その海を、ヨーロッパ人は非常に長い年月をかけ、内海へと変えていったのである。

その大西洋という海を「ヨーロッパ人の海」に変貌させるための時間は信じられないほど長く、費用は、きわめて莫大であった。奴隷をアフリカから新世界に運び、彼らにプランテーションなどで労働させ、栽培した商品、とくに砂糖をヨーロッパに輸送した。これほど大規模な人口移動は世界史上初めてであり、それ以降もない。このようなシステムを構築したからこそ、ヨーロッパ経済は大きく発展し、アジア経済を凌駕するようになった。おおまかにいえば、このシステムは、最初は自己組織をもった商人が形成し、その後、国家がそれを利用したのである。

大西洋では、各国が競合関係にある帝国貿易と、各国の貿易を結びつける貿易があった。たとえば、イギリス商人が必ずしもイギリスの貿易に従事するとは限らず、他国の貿易に参画することもありえた。さらに、帝国間貿易に従事したのは、主としてイベリア半島を追放されたユダヤ人であるセファルディムらであった。

各国は政治や軍事、商業では競ってはいたが、各国の貿易をつなぐ役割をした人々もいたのである。帝国貿易がいわば縦糸とすると、帝国間貿易は横糸である。この縦糸と横糸が織りなす世界が、大西洋貿易の世界であった。そして帝国貿易と帝国間貿易の並存は、近代世界システムの歴史において、大西洋貿易の発展が、グローバリゼーションを牽引した時代の特徴であった。

†スペインの大西洋貿易

スペインは、一四九二年にレコンキスタを完成させ、イスラーム教徒を同国から追い出すことに成功する。そして同じ一四九二年、スペイン女王イサベルの援助を受けたコロンブス（コロンボ）が、新世界を「発見」する。これは、大航海時代の幕開けとなる事件の一つであり、以後、ヨーロッパは、海上ルートでさらに拡大する。

漁師のあいだでは、それ以前から、ヨーロッパからかなり西方に航海するとヨーロッパとは違う世界があると漠然と信じられていたという説もある。したがってコロンブスの「発見」が実はどれほど新しいのかということには留保をつけるべきであるが、これ以降、スペインが新世界に侵入していった事実には大きな意味がある。

一六世紀になるとピサロやコルテスなどコンキスタドール（征服者）と呼ばれる人々が新世界に押し寄せ、略奪をおこない、インカ帝国やアステカ帝国を滅ぼした。スペインにとって非常に幸運だったのは、現在のボリビアに位置するポトシ銀山などから銀を輸入するのに成功したことである。そのため、スペインを経由してヨーロッパに大量に銀が流入することになった。それは、当時ヨーロッパ最大の銀産出高を誇っていた南ドイツの銀生産量を大きく上回るものであった。

スペインに流入した銀は、その地にとどまることなく、スペイン領に属し、一六世紀中頃にヨーロッパ最大の貿易・金融都市であったアントウェルペンに大量に送られた。

そもそもアジアとの貿易ではヨーロッパは赤字であり、南米の銀は、アジアとの貿易赤字を補塡するために必要であった。南米の銀を輸出することで、ヨーロッパはアジアとの貿易をおこなうことができたのである。

一六世紀初頭、スペインは、ハプスブルク帝国に編入された。そのため、フッガー家をはじめとするドイツの金融業者とのつながりができ、さらにヨーロッパの貿易・金融の中心であるアントウェルペンと直接結びついた。だが、そのような理由もあり、スペイン経済は、スペイン領ネーデルラント（現在のベルギー）のいわば衛星となった。植民地からスペインに輸入された商品は、主としてアントウェルペンを経由して全ヨーロッパに輸出されたうえに、戦争も加わり、スペイン財政は大きく悪化した。スペインがヘゲモニー国家になれなかった大きな原因は、ここに見出される。

コロンブス

ただし、スペイン経済は一七世紀になると急速に衰退したという従来の説は、貿易史の立場からは支持できない。スペインは一九世紀になっても、なおヨーロッパを代表する貿易国であった。つまり、スペインの衰退は、緩やかなものであったのだ。

また、コロンブスは、一五一七年に、はじめて西アフリカからジャマイカに黒人奴隷を連行し、さらに、新世界にはじめてサトウキビをもちこんだ。

すでに一四九三年の第二次航海で、コロンブスはサトウキビを積載していた。そのためスペインの砂糖生産は、コロンブスが上陸したイスパニョーラ島（現在、ドミニカ共和国とハイチ共和国がある島）からはじまったのだ。スペイン政府は、カリブ海域における製糖業を支援し、製糖業は、イスパニョーラ島からジャマイカ、プエルト・リコへと広がった。一方、スペイン本国においては、一七一七年にいたるまで、セビーリャが新世界との貿易をほとんど独占することになった。

最初に新大陸にサトウキビをもたらしたスペインであったが、一七世紀におけるスペイン領アメリカでは、他国とは大きく異なり、砂糖ではなく、カカオの輸出こそがもっとも重要であった。そのカカオは、スペインの大西洋貿易において最大の貿易港カディス（スペイン西岸）に大量に送られた。

カカオの重要性は、一八世紀になると低下し、一九世紀には、他国と同様に、砂糖がスペイン領アメリカの最大の輸出品になった。さらに一八四〇年代になると、キューバは世界最大の砂糖生産地となった。一九世紀にキューバへの奴隷貿易数が大きく上昇するのは、このようなことが原因であった。なお、この砂糖は、アメリカ船によって輸出されることが多かった。

†ポルトガルの大西洋貿易

一五〇〇年に、ポルトガル人のカブラルによってブラジルが「発見」された。そのため南米大陸の東側の多くはやがてポルトガル領となった。より正確にいえば、南米東側の多くの部分が、「ブラジル」と呼ばれるようになり、ポルトガル領となったのである。

スペインは、銀を獲得した。一方ポルトガルは、砂糖の生産に成功する。ポルトガルは、一四二〇年頃に、黒人奴隷を用いたサトウキビ栽培をマデイラ諸島でおこなっていた。そのシステムを、ブラジルに導入したのである。

ポルトガル領ブラジルは、一六世紀中葉になると、経済的に非常に重要になった。一六世紀のうちに、ブラジルの砂糖生産量はマデイラ諸島、サン・トメ島という大西洋諸島のそれを圧倒し、一六一二年頃になると、年間一〇〇〇万キログラム近くの砂糖を生産していたといわれる。ポルトガルの首都リスボンには砂糖貿易の利益を求めていろいろな国から商人が訪れ、繁栄することになる。

ヨーロッパにおいて、主要な取引相手となったのはフランドルであった。そしてスペインの銀と同様、アントウェルペンが、一六世紀を通じて最大の砂糖の市場となった。

ブラジルが砂糖の主要な生産者になったときには、ポルトガルはヨーロッパのエリート家系への砂糖供給者としての地位を確立していた。しかしそのために必要な費用をポルトガルは単独でまかなうことはできず、ドイツ、イタリア、ネーデルラントの商人が拠出したのである。こうして砂糖生産は、全ヨーロッパを巻き込む企てとなり、リスボンは、それが一つの要因となって繁栄した。

ブラジル産砂糖の市場は、フランスやイタリアなど、多数存在した。そして、アントウェルペンに取って代わり、一六〇九年以降、アムステルダムがもっとも重要になり、ブラジル産砂糖の半分以上を吸収した。ブラジルの砂糖は、最終的に、母国ポルトガルではなく、アムステルダムに流れたのだ。

のちに述べるイギリスとは異なり、植民地の経済と本国経済との結びつきはあまり強くなかった。しかも一八世紀になると、ブラジルの金は、ポルトガルを経由してイギリスに流れたのである。ブラジルの台頭は、ポルトガル本国の経済発展には結びつかなかった。それが、ポルトガルがヘゲモニー国家になれなかった主な要因であった。

†フランスの大西洋貿易

一八世紀のフランス大西洋貿易の伸びは、ときにはイギリスを超えることもあるほど大きかった。この当時、フランスでは地中海との貿易は伸びず、それに反して大西洋との貿易が大きく伸びた。

フランスの大西洋貿易の拠点となったのは、ボルドーであり、そのため、一八世紀のフランスでは、ボルドーの貿易額が大きく増えた。フランス史家のフランソワ・クルゼが「一八世紀の経済的奇跡」と表現したほど、ボルドーの貿易量は伸びたのである。この貿易拡大の基盤は、カリブ海のアンティル諸島（西インド諸島）、とくにサン・ドマングの発展にあった。サン・ドマングの砂糖生産は一七一四年の七〇〇〇トンから一七五〇年には四万トンに、さらに一七八九年には八万トンと驚異的に伸びた。

ルイ一四世が死去した一七一五年からフランス革命が勃発した一七八九年まで、フランスは国際貿易で主導的役割を果たした。その中核となったのがボルドーであった。ボルドーの伝統的な輸出品は後背地で産出されるワインであったが、急速に植民地物産の再輸出を増大させたのである。しかしそれは、以前からのワイン貿易のネットワークをそのまま利用したものであり、この点では、旧来の貿易システムを延長したものであった。

一八世紀の初頭においては、フランスの新世界との貿易の中心都市はナントであった。

一七一七年には、ボルドーのシェアはわずか二〇パーセントにすぎなかったが、一七三六年に、ボルドーはナントを追い抜き、一七八五年には、ボルドーからの植民地物産再輸出量は、フランス全体の約半分に達した。ナントは奴隷貿易に従事し、ボルドーは、植民地物産の輸入と再輸出が重要な港湾都市になったのである。

アンティル諸島には、大量の奴隷がアフリカ西岸から送られた。奴隷は、一七一九年に設立されたフランス・インド会社によって運ばれた。同社は一七二六年に奴隷貿易にかかわる特権をセネガルのみに限定されたが、なお一七六七年まではこの特権を保持した。黒人奴隷が生産した砂糖は、六〜九週間かけて、フランス船でフランスまで運ばれた。一七三〇年に六〇〇〇万ポンドに近かった砂糖輸出量は、一七九〇年には一億八〇〇〇万ポンドにまで増加した。

フランスが輸入した砂糖の多くは再輸出された。フランス人は、輸入された砂糖の三〇〜四〇パーセントを食しただけであった(一方イギリスは、約七五パーセントを国内で消費した)。ボルドーをはじめとするフランスの砂糖はヨーロッパ各地に再輸出され、なかでもハンブルクへの再輸出量が多かった。ハンブルクには多数の製糖工場があり、さらにフランスから追放された新教徒であるユグノーの亡命地として重要だったこともその理由と

地図５　大西洋とカリブ海域

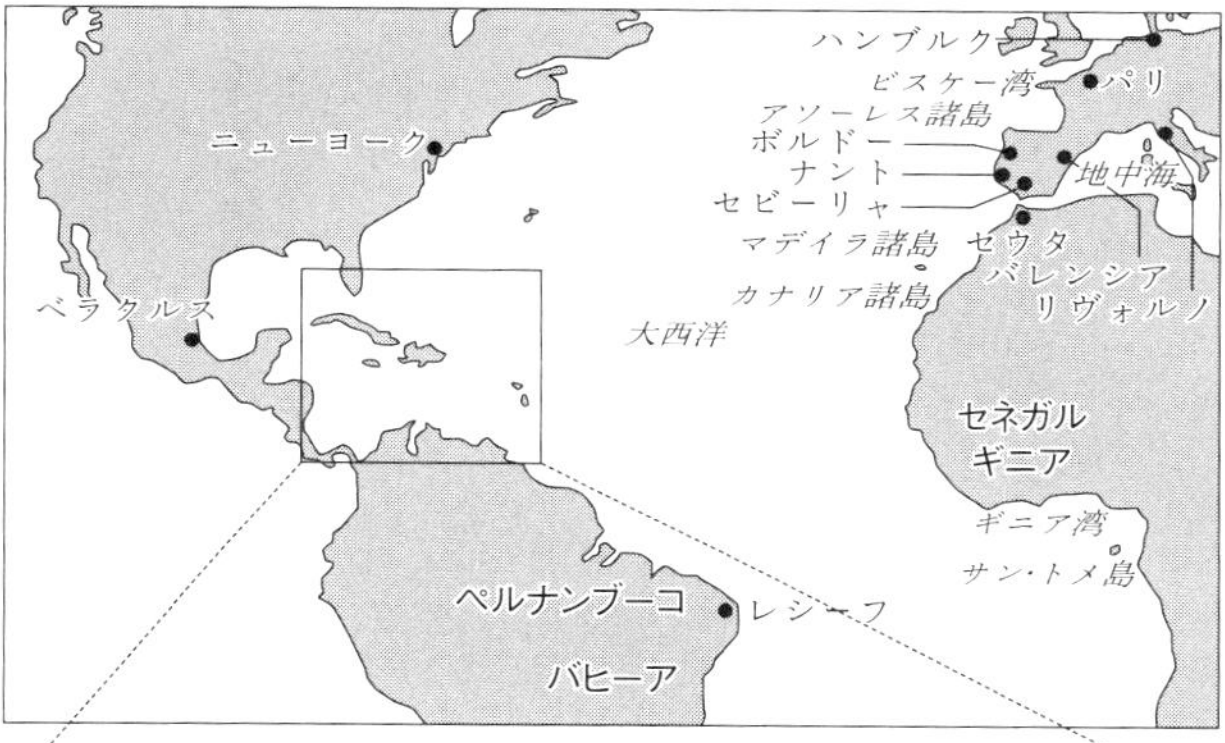
ハンブルク
ビスケー湾
パリ
アソーレス諸島
ボルドー
ナント
セビーリャ
地中海
ニューヨーク
マデイラ諸島
セウタ
カナリア諸島
バレンシア
リヴォルノ
ベラクルス
大西洋
セネガル
ギニア
ギニア湾
サン・トメ島
ペルナンブーコ
レシーフ
バヒーア

拡大図（カリブ海域）

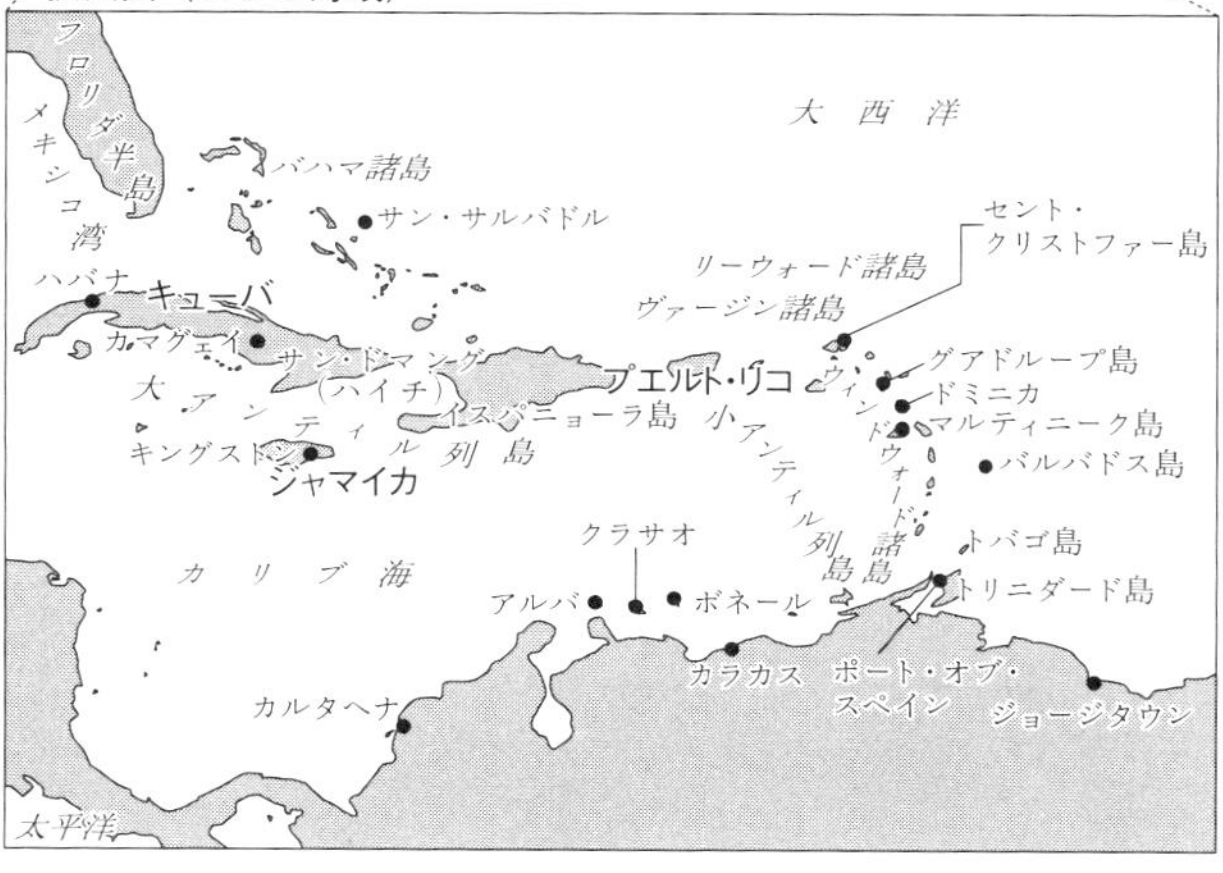
フロリダ半島
メキシコ湾
大　西　洋
バハマ諸島
サン・サルバドル
セント・
クリストファー島
リーウォード諸島
ヴァージン諸島
ハバナ
キューバ
カマグエイ
サン・ドマング
（ハイチ）
プエルト・リコ
グアドループ島
ドミニカ
マルティニーク島
大アンティル列島
イスパニョーラ島
小アンティル列島
ウィンドウォード諸島
キングストン
ジャマイカ
バルバドス島
クラサオ
トバゴ島
カ　リ　ブ　海
アルバ
ボネール
トリニダード島
カラカス
ポート・オブ・
スペイン
ジョージタウン
カルタヘナ
太平洋

なろう。フランスの製糖工場は、ヨーロッパの製糖業で主導的地位についたことは決してなかった。それは、フランス経済の限界を物語る。

†オランダの大西洋貿易

オランダもまた、大西洋貿易において、奴隷が砂糖を生産するというシステムを発展させる。それは、次に述べる過程をたどった。

一六〇九年に、オランダはハドソン湾とマンハッタン島を「発見」し、ここをニーウ・ネーデルラントと名付けた。さらに一六二五年、マンハッタン島をデラウェア先住民から購入し、ニーウ・アムステルダムと命名した。さらに、南米のスリナムはイギリス人の植民地であったが、第二次英蘭戦争を終結させたブレダ条約（一六六七年）で、ニーウ・アムステルダムと交換された。

一六二一年に、オランダは西インド会社（ＷＩＣ）を創設し、ポルトガルのアフリカ領とアメリカ領を奪い取ろうとする。ＷＩＣは一六二四年に初めて、南大西洋へと多くの船隊を送った。オランダは、やがてブラジルのレシーフ、またペルナンブーコを領土にすることに成功する。ポルトガルの砂糖貿易の競争相手になったオランダは、ついでポルトガ

西インド諸島での砂糖の精製を描いた 17 世紀の銅版画

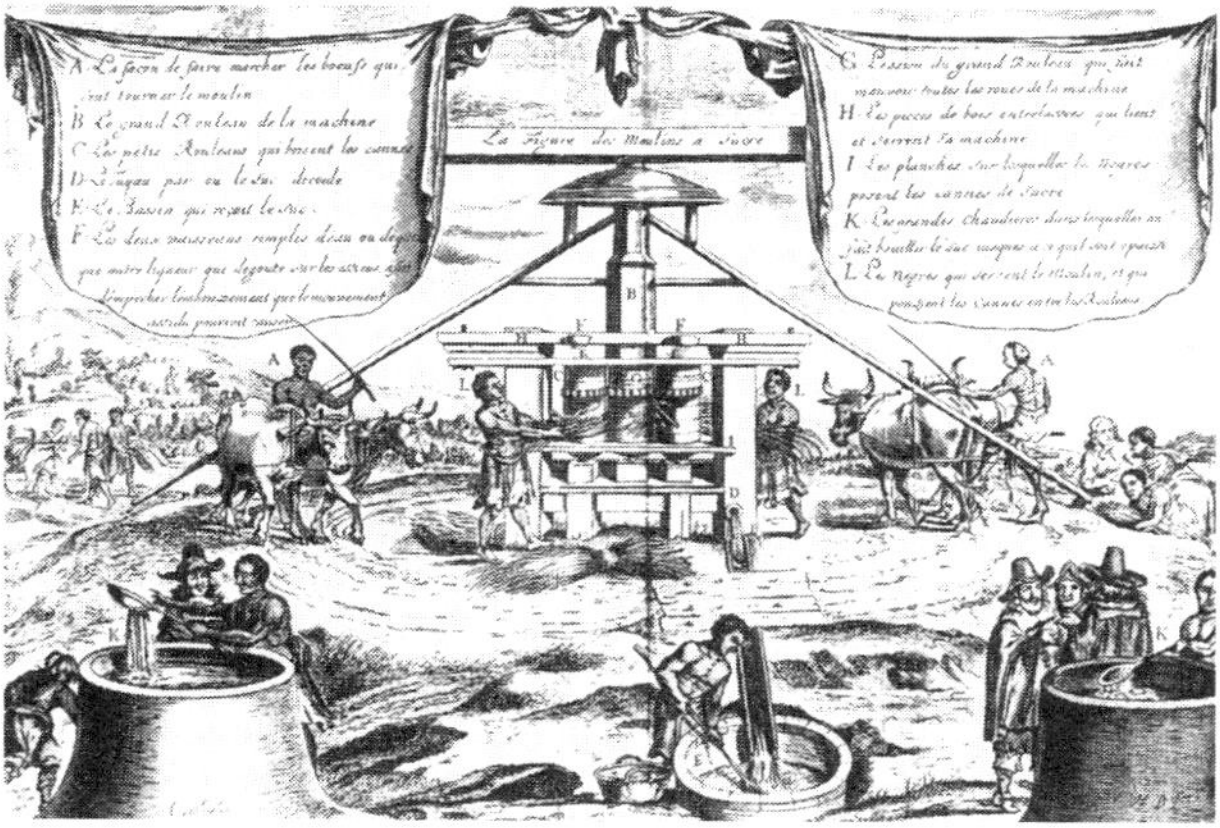

出典：J. M. ロバーツ『世界の歴史 6　近代ヨーロッパ文明の成立』（創元社、2003 年）

ル領アフリカの占領に成功し、奴隷貿易の支配者として君臨する。

オランダの西インド貨物船は、砂糖をアムステルダムの砂糖精製所まで運搬した。ペルナンブーコが再度ポルトガルの手に落ちた一六五四年には、西インド諸島にオランダ人プランターと彼らが所有する奴隷が到着した。オランダ人の到着以前にも砂糖は栽培されていたが、彼らこそ、西インド諸島に砂糖生産を定着させた人々であった。

このように西インド諸島で砂糖が生産されるようになったので、ブラジル産砂糖の独占は崩れていった。具体的に述べよう。一六七〇年には、フランス領のマルティニーク島、グアドループ島、そしてイギリス領のセント・クリストファー島に、全部で三〇〇の砂糖用地所があった。そして、ブラジルで生産される二万九〇〇〇トンの砂糖の三分の一にあたる量を輸出するようになった。それは、カリブ海におけるフランスの製糖所がオランダ人の手によって最初に登場した、一五年後のことであった。このように、イギリスとフランスの砂糖植民地の勃興は、オランダ人の援助によって成し遂げられたのである。

その際に大きな役割を果たしたのは、セファルディムであった。スペインとポルトガルを追放されたセファルディムは、アムステルダムとロッテルダムに避難先をみつけ、イベリア半島の故国と外国の植民地との貿易に大きく寄与した。そしてセファルディムは、ブラジルから西インド諸島に砂糖栽培が拡大するときに、その生産方法を伝えたといわれる。

4 イギリス海洋帝国の大西洋貿易

†イギリスの特徴

イギリス経済史において一六六〇年の王政復古以降の一〇〇年あまりは、「商業革命」と呼ばれることが多い。「商業革命」によりイギリスの貿易量は飛躍的に増大したが、そのなかでもっとも重要なことは、おそらく大西洋貿易の増加であったろう。

一八世紀イギリス（イングランド・ウェールズ）の貿易の輸入額をみると、西インド諸島が最大になる。ここにイギリスの帝国化があらわれており、そのなかに占める西インド諸島の存在の大きさが読み取れる。

イギリスにとって、西インド諸島、とりわけジャマイカからの砂糖の輸入こそ重要になってくる。それが、奴隷貿易の拡大と大きく結びついていたことは間違いない。

ヨーロッパは拡大した。そのなかで、史上最大の帝国となったのは、イギリスであった。それは、なぜか。

他国と大きく異なる近世イギリスの特徴は、おそらく次の三点に見出される。第一に、すでに述べた財政金融システムの中央集権化、第二に綿業の発展、第三に海運業の発達である。

†綿業の発展

一六世紀になると、スペインが南アメリカの自国領から銀を輸入するようになった。とはいえ、銀以外の新世界の物産がすぐに大量にヨーロッパに流入してきたわけではない。おそらく新世界からヨーロッパが輸入する商品が大きく増えたのは、ほとんどの国で、一八世紀、とくにその後半のことにすぎなかった。

このように長い時間がかかったのは、当時のヨーロッパの技術では、大西洋は大きすぎたからである。また、イギリスからアメリカに向かうには、海流が逆方向であったばかりか、風向きも不利であったからである。それとは反対に、イベリア半島からなら、大西洋に行くのは、海流が西から東に流れているので、さほど難しくなかった。まずスペインとポルトガルの二国が、新世界に植民地を築けた理由もここから判明する。

一八世紀後半にいたるまで、新世界における北米の比重は低く、大西洋経済とは（中）南米経済を意味した。そして近世のヨーロッパが新世界から輸入した商品のなかで、もっとも重要なものは砂糖であった。

イギリスが輸入した綿花がイギリスで綿製品となり、産業革命を引き起こしたのは、例

18世紀の綿織物工場

出典：Edward Baines, *History of the Cotten Manufacture in Great Britain*, London, 1835

外的現象であった。イギリスの大西洋貿易だけが、産業革命を生み出したのである。イギリス史においては、これは、比較的安価な手織りの綿織物である、インドから輸入された綿＝キャラコの輸入代替にイギリスが成功したからだとされる。イギリスは、綿の生産を機械化することによって、インドとの市場競争に打ち勝っていった。

しかし、インドキャラコはイギリスだけではなく、多くのヨーロッパ諸国にも輸入されていた。したがって本来なら、なぜイギリスだけがキャラコの輸入代替をおこなったのかという疑問が呈せられるべきである。

†海運業の発達

一六五一年に最初の航海法を発布して以来、イギリスは一六六〇年、一六六三年、一七三三年、一七六四年と、何度も同法を発布した。この法の根幹がオランダ船の排除にあったことはよく知られる。当時、ヨーロッパで最大の商船隊を有していたのはオランダ共和国であり、多数の商品が、オランダ船を使って輸送されていたのである。

アダム・スミスによれば、航海法は、たぶんイギリスでもっとも賢明な通商上の規制であった。イギリスは航海法のもとで、オランダ船を排除する体制を築き上げていったのである。そしてイギリスは、大西洋貿易のみならず、ヨーロッパ内部の貿易でも、オランダ船の排除に成功していく。

この例からも理解できるように、他の国々と異なり、イギリスは、大西洋帝国とヨーロッパ内部の貿易圏で、国家が貿易活動そのものを管理するシステムの構築に成功したのである。これこそ、イギリスの独自性だというべきであろう。

大西洋のような広大な地域で貿易するには、国家の軍事力を用いて保護する必要があった。だからこそ、英仏が自国の利害をかけ、激しく戦い、国家が貿易活動に大きく介入したのである。一八世紀のヨーロッパ諸国は大西洋貿易を拡大するために戦争をおこなっていた。それに比べれば、ヨーロッパ内部で戦われた戦争は、より政治的なものであり、貿易にあまり大きな影響を及ぼすものではなかったのだ。

大西洋貿易とヨーロッパ内貿易とでは、このような点で、大きな差異がみられた。すなわち、一八世紀のヨーロッパ諸国は、新大陸との貿易においては、ときには間接的だとしても、国家の強力なバックアップを受けた貿易システムを採用したのに対し、ヨーロッパ内部では、いまだ自由な商人のネットワークが機能していたといえるのである。

ヨーロッパ諸国は、大西洋貿易においては自国の船を使っていたとしても、北海・バルト海においては、他国の船を使うことも多かった。不正確ではあるがわかりやすい表現を用いるなら、大西洋貿易は規制貿易（regulated trade）、北海・バルト海貿易は自由貿易（free trade）であった。

しかし、イギリスにはこの法則はあてはまらない。

一八世紀のイギリスは、他国と決定的に異なり、大西洋だけではなくヨーロッパ内部においても、イギリス船が活躍し、他地域ではなく、主としてイギリスの繁栄に貢献する経済システムを形成していったのである。

†帝国間の絆

イギリス領西インド諸島の砂糖は高価であり、イギリス以外に輸出することができず、イギリス国内で食された。それに対しフランスの場合、アンティル諸島でできた砂糖は、フランス国内で消費されるのではなく、主としてハンブルクに再輸出され、そこからまた他地域に輸送されたのである。スペイン領アメリカやポルトガル領ブラジルから母国に輸出された植民地物産も、そこからさらにヨーロッパ各地に再輸出された。これらのことからわかるように、イギリスの場合、植民地と本国との経済的結びつきは強かったのだ。

イギリス帝国はおもにイギリスの経済成長に、その他の帝国は、他地域の経済成長にも寄与した。この違いは、きわめて大きい。フランス以外の国々も、ヨーロッパ内部では旧来の商人ネットワークに依存していた以上、イギリスのような新しいシステムは取り入れていなかった。イギリス帝国とは、イギリスの利益のために機能するシステムなのである。同じヘゲモニー国家といっても、他国の経済成長に大きく寄与したオランダとは、この点で決定的な違いがあった。

イギリス産業革命は、このようなシステムのもとで誕生した。それは、世の中を、イギリスのために機能させるシステムであったのだ。

また、イギリスの歴史家オームロッドの見解では、アムステルダムとロンドンとは、前者が旧来のステープル・システム、すなわち旧来の商品市場の変容にすぎなかったのに対し、後者は後背地をもち、統合された国民経済をもつ近代的メトロポリスであった。したがってイギリス国家の台頭は、新タイプの経済発展の出発点となった。

イギリス「帝国」を中心とするシステムは、やがて一九世紀後半になると世界を席巻することになる。近代世界システムは、このような変貌を遂げたのである。

†帝国間貿易

このような各国の貿易（帝国貿易）とは別に、それを結合する「帝国間」貿易も存在した。それは、各国の利害とは別の、商人による活動が中心であった。すでにそれについてはオランダを論じる際に言及したが、オランダのアムステルダムを根拠地とするセファルディムが、その代表的な集団であった。彼らは早くも一五八〇年代に、西アフリカ、スペイン領アメリカ植民地などで活躍していた。帝国間貿易においては、主として彼らが、帝国の枠組みを越え、さかんに別の国々と取引したのである。

帝国を横断するコミュニティは、すでに一六世紀には存在していた。一五世紀に北西ヨーロッパとイベリア半島を結んでいた経済的絆が、ポルトガル領の大西洋の島々とブラジルにまで及んだ。

大西洋世界においては、レコンキスタ後に改宗したニュークリスチャンと、昔からのキリスト教徒であるオールドクリスチャンが、国という枠を越えて取引関係を結ぶことさえあった。さらにニュークリスチャンとオールドクリスチャンが結婚することもあった。それは、大西洋は新しい貿易地域であり、そのぶん、宗派の壁が低くなったからであろう。宗派を意識していては、大西洋で貿易することは難しかったと思われる。

また、近世にいくつもの国で創設された貿易会社の網の目をかいくぐって他国と貿易することは、決して困難なことではなかった。すなわち、密輸は当たり前であった。たとえば、中国の広東からは、フランスのブルターニュ地方に高級茶が、スウェーデン西岸のイェーテボリには、低級茶が輸出された。そして、それらの茶は、イギリスに密輸されたと考えられている。

戦時になると国家の貿易への干渉が大きくなり、帝国間貿易は難しくなったが、平時には日常のことであった。商人たちは、必ずしも自分が属する国に関係なく、ブラジル、カリブ海、北米、スペイン領アメリカ、西アフリカなどに投資したのである。

大西洋貿易とは、ヨーロッパ諸帝国の貿易であった。しかしその「帝国」は、それぞれの国を越えた商人ネットワークが存在していたからこそ維持することができた。そのような商人のなかで、もっとも大きな役割を占めたのは、これまでくり返し述べてきたように、おそらくセファルディムであった。

一五世紀後半にイベリア半島から追放されたセファルディムのネットワークは大きく拡大し、新大陸からインドにまで及んだ。ヨーロッパにおける彼らの拠点としてもっとも重要な都市はアムステルダムであり、次いでリヴォルノ、それに次いでハンブルクであった。

アムステルダム在住のセファルディムは確かにオランダ共和国に拠点をおく商人ではあったが、オランダの大西洋貿易の一部としてだけではなく、むしろ帝国間貿易で大きな役割を果たしたコスモポリタンな商人としてとらえるべきである。コスモポリタンな商人たちはほかにもいたが、大西洋貿易においては、彼らがおそらくもっとも活躍していた。

†オランダとの違い

オランダに取って代わりイギリスが世界経済のヘゲモニーを握ったのは周知のことであ

り、ここで改めて繰り返すまでもない。ただあえて付け加えるなら、イギリスが「帝国」を形成したのに対し、オランダという国家は地方分権的であったという違いを見逃すべきではない。

イギリスの国家予算に占める軍事費の割合が非常に大きいということを意味する「財政＝軍事国家」という用語が人口に膾炙《かいしゃ》するようになり、近世のイギリスが金融財政システムにおいて中央集権化を進めていったことは、少なくともヨーロッパの経済史の研究者のあいだでは、ほとんど常識とさえいえるようになった。イギリスは工業化を押し進めたのであり、イギリスが世界最初の産業資本主義国家となった——ただし、その時期は一九世紀後半のことだろうが——ことも間違いない。

イギリスとオランダを比較すると、イギリスの商人は現地に同化せず、イギリスに富を持ち帰ったのに対し、オランダの商人はさまざまなノウハウをもって移動しながら、それを自国の富の形成には活かしていなかった。それは、イギリスが中央集権化し、重商主義政策で商人を保護し、彼らの利益をイギリス全体の利益に取り入れようとしたのに対し、オランダはあまりに分裂的な国家であり、そうすることに関心がなかったからであろう。重商主義時代のイギリス、オランダの貿易政策の差は、このような結果ももたらしたのである。そもそもオランダは、中央集権化しなくても、十分に儲けていたのだ。一八世紀になると、オランダの経済力が低下し、それに対応するようにイギリスの経済力が上昇した。

しかし同時に、一七世紀のオランダと一八世紀のイギリスとの差異にも注目する必要がある。一七世紀のオランダは、世界中とまではいかなくとも、ヨーロッパ中の商品を輸送していた。それに対し一八世紀のイギリスの輸送力は、一七世紀のオランダほど強くはなく、イギリス帝国内部の輸送が多かった。この点に、両国の貿易構造における最大の相違が見出せる。両国の「帝国」の意味は、大きく違っていた。

一八世紀イギリスの貿易では、「帝国内部」の絆が強められた。このような構造は、そのまま一九世紀にもちこまれた。それはまた、広大な帝国を所有せず、国家の権力が小さく、貿易に関しては商人のネットワークに大きく依存していたオランダとの相違でもある。一八世紀のイギリスは、金融財政システムの点で、もっとも中央集権化した国家となった。

オランダ商人はオランダという国家を意識せずに行動した。一方イギリスは、国家が商人の活動を保護し、帝国の枠内で商業活動をさせようとした。インド帰りの人々であるネイボッブが、その一例である。また、西インド諸島と貿易した商人も、この法則にあてはまる。いうなれば、商業資本主義国家オランダの国際貿易商人は、オランダという国籍を意識しない「無国籍商人」であり、産業資本主義国家イギリスの国際貿易商人は、イギリスという国家に支えられた「国籍をもつ商人」ととらえられるのである。

第四章

アジア進出とイギリス海洋帝国の勝利

アンドリース・ベークマン「バタヴィア城」(1661年、アムステルダム国立美術館)

1　ヨーロッパとアジア

†大西洋世界とアジアを一つに

前章で述べたように、長い時間をかけ、ヨーロッパは大西洋を内海にしていった。一四九二年にコロンブスが西インド諸島に到着してから、約三〇〇年の歳月をかけて、それはようやく完成した。大西洋経済を築きあげるためには、途方もないエネルギーが必要であった。

大西洋貿易でもっとも重要な商品は砂糖であった。西アフリカから奴隷が中南米に送られ、そこで砂糖（サトウキビ）を生産した。

砂糖以外にも、ジャガイモやトマト、トウモロコシなどがヨーロッパに流入した。新世界との貿易は、ヨーロッパ世界を根本から変化させた。貧しかったヨーロッパ人の食卓は、以前よりもはるかに豊かになり、生活水準も大きく上昇した。

そしてイギリスだけが、綿織物の機械生産に成功する。それこそが、世界的な経済革命である産業革命をもたらしたのである。それにより、イギリス、さらにはヨーロッパは、アジアよりも経済的に優勢になった。

大西洋経済の形成こそ、ヨーロッパを世界の支配者たらしめた最大の要因であった。そして、これから述べるように、ヨーロッパは、大西洋世界とアジア世界を一つにした。これにより、世界はようやく一つになったのである。この頃のグローバリゼーションは、ヨーロッパによるアジアの包摂という形態をとり、ヨーロッパはアジアを従属させることで、ようやく世界の覇者となった。そのイメージがあまりに強烈だったために、ヨーロッパは常にアジアよりも進んでいたと、世界の人々に錯覚させることとさえできた。その過程を本章ではみていきたい。

†アジアとの交易の歴史

ところで、ヨーロッパとアジアとの交易の開始は、どのくらいまで遡るのだろうか。

エジプトに住んでいたギリシア人が書いたとされる『エリュトラー海案内記』は、紀元一世紀頃のインド洋の様子がわかる貴重な書物である。この本から、この頃には、古代ローマと南インドのサータヴァーハナ朝のあいだで、季節風を利用した交易があったことがわかる。

またプトレマイオス朝エジプト（前三〇五〜前三〇年）は、シルクロードを使って、インドと通商をおこなっていたとされる。

しかしこれらが、ヨーロッパとアジアの経済構造そのものを変えるほどの規模での交易であったとは考え難い。ヨーロッパとアジアの交易は、長期間にわたり、細い糸のようなものであったと思われる。

細い糸が、やがて太くなり、経済構造に大きな影響を及ぼすのがいつからはじまったのか、正確にはわからない。しかし、中世後期になると、ヨーロッパが、アジアからの香辛料の輸入によって、経済構造にまで影響を受けていたことは、十分に考えられる。

ヨーロッパはアジアから香辛料を輸入しなければならず、その一方で、ヨーロッパがアジアに輸出できるものは、ほとんど何もなかった。一九世紀初頭に至るまで、ヨーロッパ最大の工業製品は毛織物であったが、それは、基本的に気候が温暖なアジアでは需要がなかった。ヨーロッパとしては、アジアとの貿易収支の赤字を補塡するために、銀を輸出するしかなかった。これは、貿易収支の点からみる限り、アジアのほうがヨーロッパよりも

地図6　シルクロード

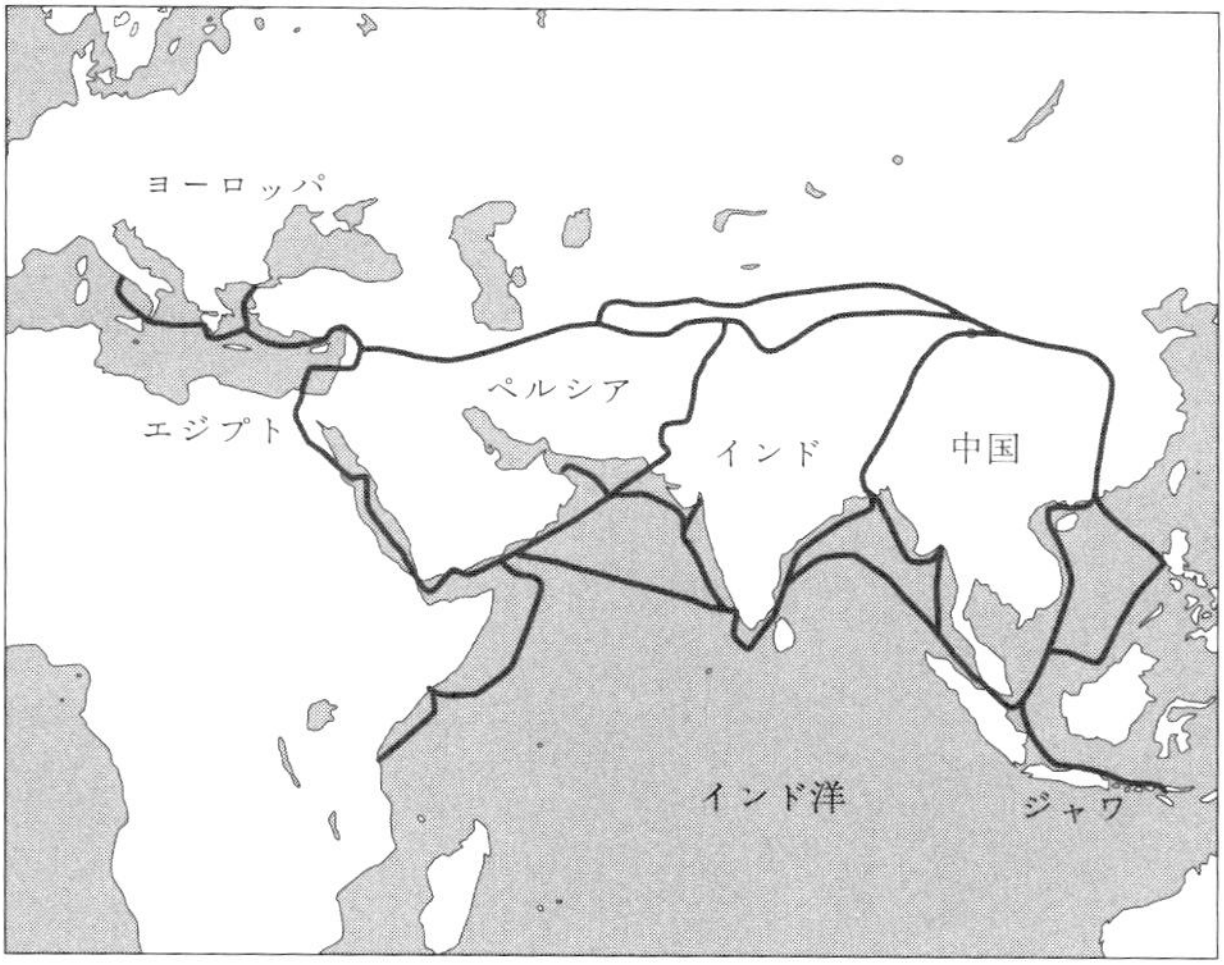

経済力があったと判断できる一例となる。

2　異文化間交易と商品連鎖

†香辛料の輸送

香辛料は、近世のヨーロッパがもっとも欲したアジアの商品であった。近代世界システムは、アジアへの進出をを特徴としており、その一つの理由として、香辛料の確保があげられる。一口に香辛料というが、その生産地はかなり限られていた。香辛料のなかでも、もっとも広い地域でみられたのは、胡椒《こしょう》であり、産出するのはインドの東岸のマラバール海岸、さらに東南アジアのスマトラ島などであった。また、ニクズク（ナツメグ）はモルッカ諸島の南のバンダ諸島でしか産出しなかったし、丁字《ちょうじ》（クローブ）はモルッカ諸島のテルナテ、ティドーレなど五つの島でしか産出していない。とくに、ニクズク・丁字は、商品として重要であった。

これらの香辛料は、この限られた産地からやがてインドに送られ、そこから地図7のように、ペルシア湾を経て、アレクサンドリアからイタリアに送られた。

それに対して、一四九八年にポルトガルのヴァスコ・ダ・ガマが喜望峰を回りインドのカリカットに航海するルートを「発見」すると、このルートでの香辛料輸入量が増え、イタリア経済は衰退したといわれる。

しかしながら、喜望峰回りのルートでは航海の際に難破する可能性が高く、現実にはすぐにこのルートに変わったというわけではなかった。ルートの変更が根付くには、一世紀以上の時間がかかった。そして喜望峰ルートの発見により一時的に衰退したヴェネツィアの香辛料貿易は、一六世紀半ばになると復活した。さらに一六世紀後半には、ジェノヴァ資本は、イベリア半島への進出を機に、ヨーロッパの貨幣流通を掌握することになった。

地図7　香辛料がヨーロッパに輸入されるルート

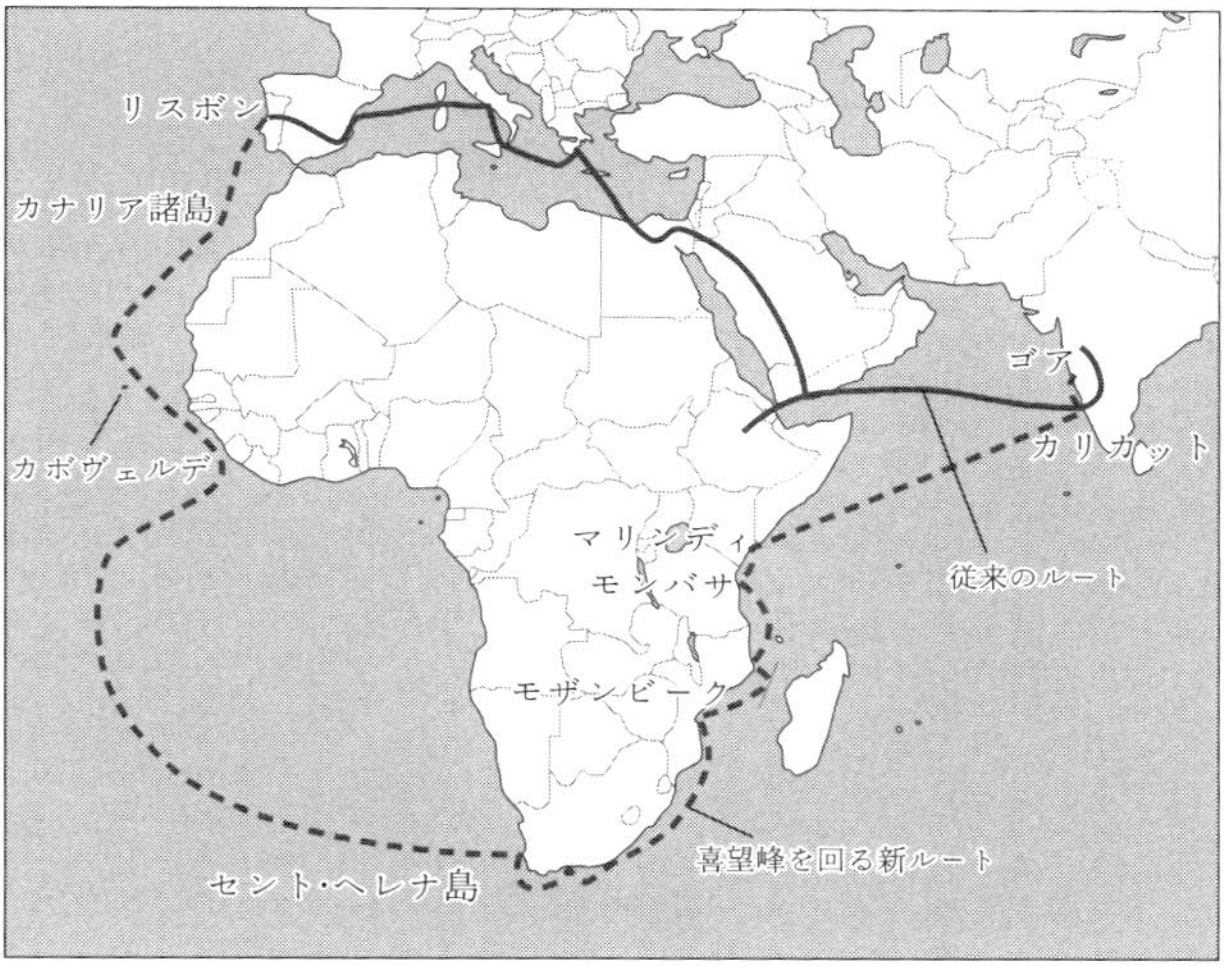

一五六八年にネーデルラントがスペインからの独立戦争を開始すると、アメリカ銀の流通経路が、大西洋沿岸からスペインのバルセロナとジェノヴァを結ぶ西地中海へと変化した。そして、ジェノヴァからアントウェルペンへという送金経路がきわめて重要になった。この送金経路と地中海の貿易において、ジェノヴァ人は活躍した。だからこそ、フランス史家フェルナン・ブローデルは、一五五七〜一六二七年を「ジェノヴァ人の世紀」と呼んだのである。

†異文化間交易

とはいえ、このようなブローデルの

発想は、ヨーロッパ中心史観といわれても仕方がないように感じられる。

ジェノヴァ人にせよヴェネツィア人にせよ、地中海で活躍したイタリア商人は、広大な異文化間交易圏のなかで、あまり大きな役割は果たしていなかったからだ。それは、彼らが、やがてポルトガル商人に取って代わられることになったということからも明らかであろう。もし、イタリア商人がアジアからヨーロッパにつらなるこの広大な異文化間交易圏のなかできわめて重要な役割を果たしていたなら、ポルトガル商人が取って代わるということは、きわめて難しかったであろう。

一九八四年に、アメリカ人研究者フィリップ・カーティンは、『異文化間交易の世界史』という書物を上梓した。「異文化間交易」とは、文化形態の異なる人々どうしが交易をすることである。それゆえ、異文化間交易は、多くの場合、必然的に国際的な交易となる。

商人は、異邦人として、出身地域から大きく離れた別の都市に移住する。通常は、取引相手の共同体の辺境地域ではなく、重要な役割を果たす中心都市に移り住む。定住した異邦人の商人は、定住地で語学、習慣、生活スタイルの習得につとめ、やがて異文化間交易の仲介者となる。そして、住みついた社会の交易ルートに沿って移住し、もとの出身地域の人々との交易を促進する。

この段階になると、移動のあと定住した商人と、元来の居住地との行き来を繰り返す商人に分離する。それにともない、当初はただ一つの居留地であったものが、複数になっていき、しかもそれらが互いにつながるようになる。もとの共同体の外に一つの居留地をつくった交易民は、徐々にその居留地を増やす。そうして、交易のための共同体を網羅する交易ネットワークを形成する。これが、交易離散共同体と呼ばれるものである。

このように、異文化間交易を繰り返せば、広大な交易圏が形成されることになる。イタリアは、東南アジアからヨーロッパに至る非常に大きな異文化間交易圏の一部を形成したにすぎず、しかもこの交易圏のなかでは、決して重要な役割を果たしていたわけではなかった。

東南アジアには、非常に多くの地域からの商人がいた。この地は、さまざまな宗派からなる、異文化間交易の空間であった。商人たちの出身地域と宗派の例を、いくつかあげてみよう。まず、イスラーム商人がいた。彼らの多くは、もともとインド出身であり、この地で活躍していた。さらにイスラーム教徒に滅ぼされたとはいえ、マジャパヒト王国（一二九三〜一五二〇年頃）は、ヒンドゥー教王国であり、この王国出身で活躍していた商人もいた。それに加えて、仏教の王朝もあり、その王朝を出身地とする商人もいた。中国からは、華僑が東南アジアに移住していた。

また、マラッカ海峡は、明朝の永楽帝（在位　一四〇二〜二四年）が鄭和《ていわ》を遠征させるときに航行した、重要な交通の要衝であったし、さまざまな地域の商人が集う商業の十字路でもあった。

インドに目を向けるとイスラーム教徒の商人が多かったが、ヒンドゥー教徒の商人もいた。さらに、シク教徒の商人もいた。アルメニア商人も活躍していた。

オスマン帝国の商人は、むろんイスラーム教徒であった。カトリックであるイタリア商人は、このような多様で広大な異文化間交易圏の西端に位置していたにすぎなかった。この点を、見逃してはならない。

ヨーロッパは、この交易圏では、脇役にすぎなかった。しかし、ポルトガルを嚆矢《こうし》として、ヨーロッパは少しずつ攻勢に転じ、数世紀をかけ、最終的には、イギリスがこの広大な異文化間交易圏を支配下に収めるに至った。世界のヨーロッパ化とは、その過程を意味するのである。

†海運業の役割

ここで少し、海運業の役割について述べておこう。

中国では、明代には、鄭和が、全長一二〇メートルを越える宝船《ほうせん》という船で、アラビア半島やアフリカ南部にまで航海した。しかしその後、中国は内向きになり、海上への発展をあきらめてしまったかのように思える。

インド洋に目を向けると、ポルトガル人が到来するまでは、ここは、イスラームの海であった。さらに東南アジアは、さまざまな宗教・民族が集う海域であった。

しかしヨーロッパの進出により、アジアの商人の役割は、縮小を余儀なくされた。さらに一九世紀後半の蒸気船の登場により、ジャンク船しか使用できなかった時代と比較して、アジア内部での交易量は増え、労働者の移動も簡単になった。アジアの交易量増加には、イギリスを中心とするヨーロッパの海運会社が所有していた蒸気船が大きく寄与した。

ヨーロッパは、一九世紀になると、アジアに工業製品を輸出するようになった。だが、それ以前に、ヨーロッパからアジアへの流通経路は、おおむねヨーロッパ人によって開拓されていたのである。

しかも、これが大事なことなのだが、アジアの船が、ヨーロッパの海上まで進出したことは一度もないのである。アジアは陸上ルートでヨーロッパに向かい、何度もヨーロッパ人をおびえさせた。けれども、海上ルートで進出したことはまったくないのだ。地中海や北海、バルト海、大西洋で、アジアの船が使われたことはない。アジアは、海運業の発達という点で、ヨーロッパに大きく遅れをとっていたのである。

†商品連鎖と近代世界システム

アメリカ人研究者スティーヴン・トピックは、「商品連鎖」(commodity chains)という考え方を提唱した。より正確にいえば、この用語は以前から用いられていたが、トピックは、それに新しく、そして明確な意味を付与した。

商品は、生産された現地で消費されることもある。しかし、商品によっては、多くの人の手を経て、原材料から中間財となり、やがて最終製品となり、消費者に購入されるものもある。また、原材料とあまり変わらぬ形を保ちながら、長距離輸送される商品もある。トピックは、原材料が最終的に完成品として消費者に購入されるまでの商品の流れを、「商品連鎖」と名付けた。

商品の流通経路の全てを管理する人はいない。それにもかかわらず、商品は実際に長い流通経路を経て、遠く離れた場所に住む人々によって購入される。

世界的な商品であるならば、その商品を研究することで、商品流通、商品生産のネットワークが研究できる。この商品連鎖に参加する人々や制度、さらに技術は多数あり、地理的分布と統治機構は大きく変化することになる。

そのような理由で、商品連鎖という概念は、大きな注目を浴びる言葉となりつつある。さまざまな国際商品の商品連鎖分析により、その商品にかかわる多様な面が世界的規模で明らかになることが期待されるのだ。

この概念はまた、ある国ないし地域が、別の国や地域に経済的に従属する理由を説明できる。

ウォーラーステインによる近代世界システムは、国際分業体制を前提として議論が組み立てられている。ウォーラーステインは、流通コストの、そして流通経路の長さを重要視しない。このような問題は捨象され、第一次産品輸出国から工業国へと第一次産品が、工業国から第一次産品輸出国へと工業製品が輸出されたということが前提とされている。

だが、いうまでもなく、輸出国から輸入国までのあいだには長い輸送経路がある。輸送経路の変化により、輸送コストが上下し、結果的に商品価格が変動するというのが現実であるにもかかわらず、ウォーラーステインはそのことを重視しない。近代経済学者、さらにはマルクス経済学者など、一般の経済学者と同じく、輸送コストが経済の重要問題だとは考えていないのである。そのため、単純に、工業国が第一次産品輸出国を収奪するという図式を描いたのだ。ここに、ウォーラーステインの大きな問題点がある。

ここで、第一次産品の輸送のすべてを第一次産品輸出国が担ったと想定してみよう。この場合、支配＝従属関係は成立しない。工業国は、製品を製造することしかできない地域となるからである。製品輸送のための費用を支払うのは工業国となり、収奪されるのは工業国になる。そして、第一次産品輸出国は、工業製品を購入するだけの余剰をもつことになる。一方工業国は、第一次産品輸出国の船を使って、その船を所有する国が意図する先にしか工業製品を輸出できない（第一次産品輸出国からみれば自国船で自国に輸入する）ということになる。

輸送路を握っているということは、それほど重要なことなのだ。どんな素晴らしい商品を製造したところで、それが販売できなければ、企業は倒産する。生産と販売は、別のことである。この事実を、歴史家は忘れてしまいがちである。

†商品連鎖と支配＝従属関係

「商品連鎖」という概念を用いることで、支配＝従属関係を説明することが可能になる。それによって、工業国あるいは第一次産品輸出国のどちらが収奪されるのかがより明示的になる。

確かに、工業国が第一次産品輸出国を収奪したことは、ある程度、事実であろう。これまでの議論の問題点は、流通過程を誰が担うかという問題を無視ないし軽視してきたことにある。工業国が第一次産品輸出国を収奪できたのは、その輸送経路を押さえてきたからである。ヨーロッパは、対外的拡張を遂行するにあたり、まず輸送経路を確保し、その後ヨーロッパの製品をヨーロッパの船舶で輸出した。それを無視して、支配＝従属関係を語ることは無理であろう。しかし、これまで、そのような無理な理論がまかり通ってきたのである。この点においては、従属理論の支持者であれ、批判者であれ、同じ誤りを犯してきた。

国際分業体制における、工業国による第一次産品輸出国の収奪はなぜ起こるのか。後者が工業製品のマーケットとして機能し工業化をさまたげられているという理由だけでは、説明として不十分である。工業国が、商品連鎖の多くを支配していたということも、大きな理由になったはずである。

また、あまりに商品連鎖が長ければ、工業国が第一次産品輸出国に与える影響は、微々たるものになったと考えられる。そうすれば、支配＝従属関係は成立しない。

香辛料は、東南アジアからインド洋を経て、さらに喜望峰をまわって、ヨーロッパに輸送された。香辛料の輸送経路は、世界を半周するほどに長かったのだ。したがって、香辛料貿易による支配＝従属関係は成立しなかったのである。

†アジア諸国の独立度が比較的に高かった理由

商品連鎖という概念を用いることで、商業資本主義時代の支配＝従属関係を理論的に説明することができる。たとえば、アジアより中南米やアフリカのほうが西欧への従属度が高かった理由を示すことができるのだ。

アジアには、近世以前に独自の商業ネットワークがあった。そのため商品連鎖においてヨーロッパ人の介入度は低く、アジア商人が果たす役割は大きかった。

それに対し大西洋経済は、ヨーロッパ人が開発したものであった。アフリカ大陸でアフリカ人を奴隷商人に差し出したのは同じアフリカ人であったが、黒人奴隷を新世界に運び、そこで砂糖やタバコ、綿の生産を管理したのはヨーロッパ人であった。

商品連鎖で大きな役割を果たしていたからこそ、アジア諸国の独立度は、中南米諸国よりも高かったのである。

支配＝従属関係という観点からみるなら、近世においては、輸送手段を握っている地域が、それを握られている地域を従属させるということができよう。

それに対し、近代になり産業資本主義が台頭すると、第一次産品輸出国が工業国に従属することが、支配＝従属関係とほぼ同義語になった。

しかしそれと同時に、ヨーロッパやアメリカで海運業が発展し、世界の輸送の多くを担うようになった事実を無視すべきではない。

イギリスが第二次世界大戦終了時まで世界最大の海運国家であったことを考えるなら、産業資本主義時代においてさえ、海運業の重要性を無視することはできないということがわかるだろう。

†商品連鎖とヨーロッパの優位

イタリアがアジアから輸入していた香辛料は、まず東南アジアの商人、インド洋のイスラーム商人、オスマン帝国の商人、そのあとでイタリア商人が運んだ。それは、非常に長い商品連鎖である。この連鎖で支配的な商人は、おそらくいなかった。あえていえば、イスラーム商人であろう。ヨーロッパのほうが劣勢であったことは間違いない。

たとえば、ヨーロッパのアジアへの進出では、アフリカの喜望峰をまわってアジアに進出し、オスマン帝国の領土は通らなかった。それは、この帝国が商業的にも軍事的にも、巨大な壁であったからであろう。

さて、ポルトガルがアジアに到着して以降、いくつかのヨーロッパ諸国がそれに続いた。それにより、徐々に、ヨーロッパのほうがアジアよりも多くの商品連鎖を担うようになっていった。

このことは、ヨーロッパのアジアへの軍事的支配と同時に起こった。ヨーロッパのアジアへの進出は、海上ルートによるものである。それは、ヨーロッパ人以外の商人が担っていた貿易ルートで、ヨーロッパ人が取って代わったことも意味した。そうすることで、ヨーロッパは次第にアジアよりも経済的に優位に立つことができるようになったのである。

しかも、ヨーロッパ人は、アジアまで自分たちの船で行った。そのため、いくつもの異文化間交易をある程度残しつつも、異文化間の接触は少なくなり、異文化どうしの関係性は薄められることになったのだ。

3　ヨーロッパのアジア進出

†トルデシリャス条約・サラゴサ条約

ここで、ヨーロッパの対外的進出時の特徴をみていくために、議論を一五世紀にまで遡らせてみよう。大航海時代の先頭に立ったのは、ポルトガルであった。それは、同じイベリア半島に位置するスペインにとって、喜ばしい出来事ではなかった。そのためスペインは、ポルトガルの活動を妨害するために、ポルトガルが遠征した地域へ船舶を送った。

これにより、スペインとポルトガルのあいだに衝突が発生した。それを解決するため、ローマ教皇によって、一四七九年にアルカソヴァス条約が結ばれ、両国の海外領土が明確に定められた。スペインがカナリア諸島を、ポルトガルが、アフリカ沿岸、マデイラ諸島、アソーレス諸島、カボヴェルデ諸島を領有することになった。

しかし、一四九二年にスペインの援助により新世界が「発見」されると、状況が変化し

地図8　トルデシリャス条約・サラゴサ条約

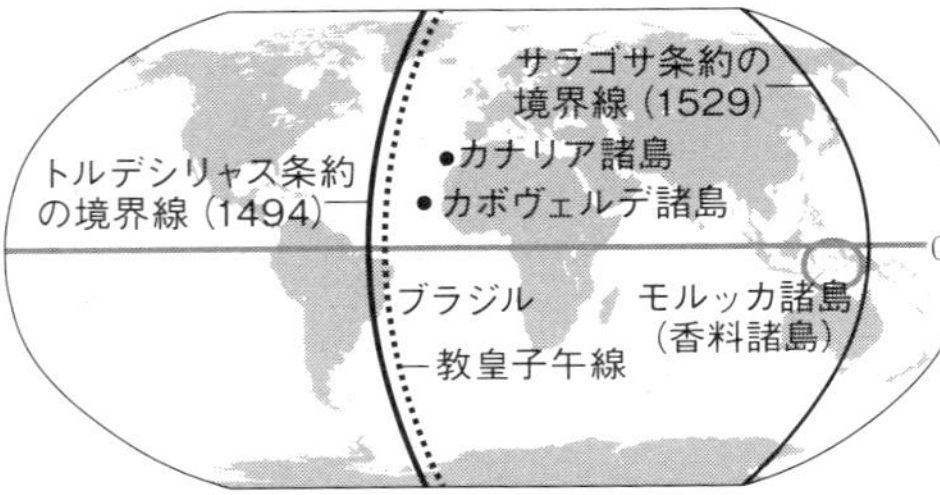

た。一四九三年に教皇アレクサンデル六世によって、「教皇子午線を境界として、その西側ではスペインに優先権をもたせる」ということが決められた。それに対しポルトガルが反対したため、一年後の一四九四年、境界線を西側に一九〇〇キロメートルほどずらすということで両国が同意し、トルデシリャス条約が結ばれることになったのである。

だが、一五二二年にマゼランが世界一周をすると、地球は球体なので、一本の線で分割することはできないということがわかった。また両国にとって、モルッカ諸島の領有はきわめて重要であり、最大の関心事であった。そこで一五二九年に東経一四四度三〇分を通過する子午線によって分割されることになり、その西側はポルトガル領、東側がスペイン領になった（サラゴサ条約）。これにより、モルッカ諸島はスペイン領になり、東南アジアのほとんどは、ポルトガルが領有することになったのである。

†ポルトガルのアジア進出

アフリカ西海岸に到達したポルトガルは、そこからさらにアフリカ西岸を南下する探検を続けた。一四八八年、バルトロメウ・ディアスがアフリカ最南端の喜望峰に到達すると、アジアに海上ルートで到達できることがわかり、ポルトガルのアジアへの進出は一段と進んだ。ポルトガル国王マヌエル一世（在位 一四九五〜一五二一年）はポルトガルの海外進出を推進しており、一四九八年、同国のヴァスコ・ダ・ガマは、インドのカリカットに到着した。

しかしこの当時、インド洋はイスラーム商人の海であり、彼らの先導によりたどり着くことができたにすぎなかった。また、一七〇名がインドに向かったが、帰国できたのは、たった五五名であった。ヨーロッパの航海能力は、その程度でしかなかったのだ。

一五〇二年になると、第二回目の航海がおこなわれた。今度は、キャラック船を中心として二〇隻の船隊が組まれ、しかも、武力によるカリカット支配を狙っていた。実際ガマは、カリカットとアラブ海賊との連合軍と海戦をする。大砲を用いてこの戦争には勝利したが、カリカットを制圧することはできなかった。だが、カナノールとコチンに商館を建て、大量の香辛料を入手した。

ポルトガル国王マヌエル一世は、一四九七〜一五〇六年のあいだに合計八回、インド遠征隊を送った。一五〇三年にアフォンソ・デ・アルブケルケが率いた一一隻の艦隊は、カリカット軍に占領されたコチンの援助に向かい、カリカット軍を撃破し、クイロンに商館を建てた。

それ以降も、ポルトガルの侵攻は続いた。一五〇五年には、フランシスコ・デ・アルメイダが一五〇〇名の船員とともにポルトガルを出航した。アフリカ東岸のキルワを植民地化し、要塞を建設した。さらにアンジェディヴァ島、カナノール、コチンにも要塞を建てた。また、後続部隊がソファラに要塞を建設した。

さらに一五〇九年には、アルブケルケがディウの海戦でイスラームのマムルーク朝艦隊を破り、ポルトガルのアラビア海支配は決定的になった。ディウがイスラーム商人に残された最後のインド西岸の重要拠点だったからである。ポルトガルの勢力は、瞬く間にインドの商業・軍事拠点を支配したのである。アルブケルケはさらに、翌年にはゴアを占領し、強固な要塞を建設した。ゴアは、ポルトガルのインドにおける拠点となった。

ポルトガルのアジア貿易にとっては、東南アジアのモルッカ諸島を占領することが何よ

キャラック船（英アンリ・グラサデュー号）

地図９　アラビア海周辺図

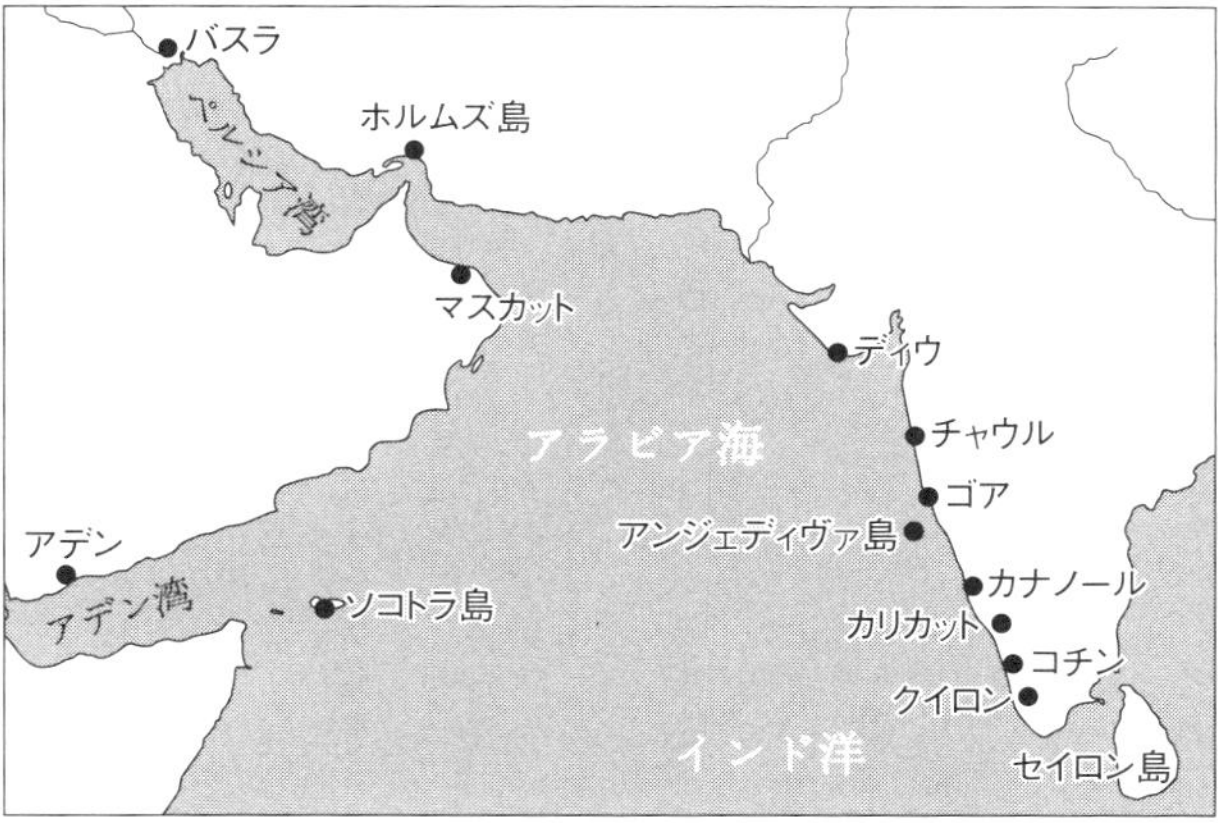

出典：横井祐介『図解 大航海時代大全』（カンゼン、2014年）をもとに作成

地図10　東南アジア

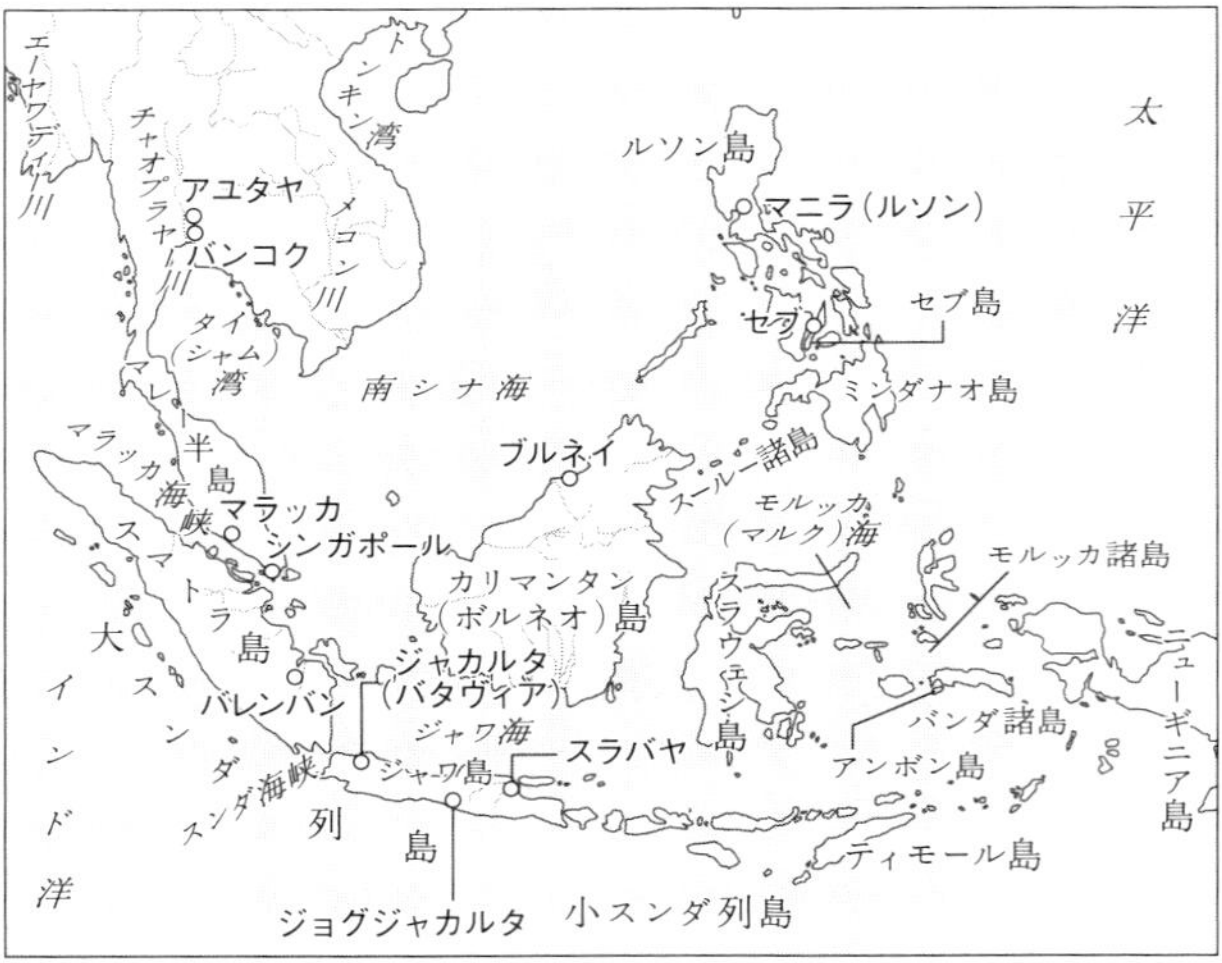

りも大切な課題であった。というのも、宿敵スペインが太平洋経由でのモルッカ諸島到達を目指していたからである。一五一一年にポルトガルは、交通の要衝であるマラッカ海峡を支配するマラッカ王国を滅ぼすことになった。これにより、ポルトガルのアジアへの商業進出は大きく進んだ。

マラッカにアファモサ要塞を建てたアルブケルケは、モルッカ諸島に探検艦隊を派遣し、それはバンダ諸島に到着、一五一五年には、ホルムズ島を完全攻略することに成功した。

このようにして、ポルトガルはモルッカ諸島にまで到達した。それは、軍事的には、火器の使用による勝利であった。ヨーロッパの軍事革命の影響は、アジアにまで到達したのである。

†スペイン船が運んだ銀

スペインは、ポルトガルとは異なり、西回りで、すなわち太平洋経由でアジアに進出した。一六世紀において、スペイン領アメリカの最大の輸出品は銀であった。アジアへの輸出品もまた銀であった。

スペイン領となった南米ボリビアのポトシ銀山の銀生産量に関するある推計によると、年平均で、一五七一〜七五年が四万一〇四八キログラムだったのが、一五九一〜九五年には二一万八五〇六キログラムへと大きく上昇している。一六世紀後半から一七世紀前半にかけ、中国の鉱山が産出した銀の量はきわめて少なく、メキシコのアカプルコからフィリピンのマニラへと航海する一隻のガレオン船の貿易で運ばれた銀の量と同程度しかなかったといわれる。明代の一条鞭法《いちじょうべんぽう》は、スペイン銀がなければ存立できなかった。さらに、一七世紀初頭には、マニラから中国への銀流入量は、年間で五万七五〇〇〜八万六二五〇キログラムに達したとされる。

新世界から東アジアに銀が送られるもっとも重要なルートは、太平洋を横断し、メキシコ西岸のアカプルコから、直接フィリピン諸島に送られたものであった。一六世紀終わり頃から一七世紀前半までは、アカプルコからマニラへの輸出の多くは非合法だったので、輸送量を推計することは困難である。しかし、一六〇二年のメキシコ当局によれば、銀輸送量は、通常は年間一四万三七五〇キログラムであった。この銀は、中国の絹や陶磁器、リネンなどと交換された。

このルートに加えて、さらにかなりの銀が、メキシコからパナマ地峡を経て、スペインのセビーリャに送られ、そこから非合法的にポルトガルに輸出された。その銀とともに、ブエノスアイレス経由の地金が、ペルーからリスボンへと密輸されたといわれる。また銀は、リスボンから喜望峰を通り、ゴアまで送られた。さらにポルトガル人は、ゴアからマカオに、一六世紀後半から一七世紀初頭にかけ、毎年六〇〇〇〜三万キログラムもの銀を運んだとされる。

第三のルートは、新世界からセビーリャに合法的ないし非合法的に運ばれた銀が、ロンドンやアムステルダムに運ばれ、さらにそれが英蘭の東インド会社によって東南アジアに輸送され、中国産の絹、陶磁器と交換されたというものである。

このように、新世界の銀が、アジア、主として中国へとスペイン船で輸出されたのである。

†マニラの隆盛

一五七一年にマニラが建設されたために、アカプルコからマニラまで、スペインのガレオン船によって銀が運ばれるようになった（地図11）。その銀は、最終的には中国へと運ばれた。スペインのガレオン船は四〜五本の帆柱をもち、安定性に欠けており、転覆することもあったが、喫水《きっすい》が浅く、スピードが出る船であった。また、砲撃戦にも適していた。そのためキャラック船やカラヴェル船に取って代わり、広く使われるようになった。マニラは、新世界と中国のあいだの活発で非常に利益があがる貿易の拠点となった。

ガレオン船

銀の流通史の研究者として名高いフリンとヒラルデスは、マニラが建設され、銀が文字通り世界的に流通するようになった一五七一年をグローバリゼーションの開始の年と考えた。だが、それは銀の世界的な流通を意味するにすぎない。近代世界システムの観点からみたならば、銀の流通によって支配＝従属関係が生まれたわけではない以上、この年をグローバリゼーション開始の年とするわけにはいかないのである。

中国との貿易ではヨーロッパが赤字であり、それを補塡すべく、新世界から中国へと銀を運ぶ必要があった。スペインから喜望峰を経て輸出されるルートがあったが、それに加えて、前述の通り、アカプルコからマニラを通じて、やがて中国に送られるようになったのだ。

新世界の銀に加えて、日本の銀も大量に中国に輸出されていた。日本は中国から綿、絹、生糸、茶などを輸入しており、その代価として銀を輸出していたとされる。この当時、日本の銀生産高は、世界の三分の一を占めたとさえいわれる。その銀の輸送では、ポルトガル人やオランダ人、中国人が活躍していたのであり、決して、日本の商人が活躍していたわけではなかった。しかも、日本が外国と正規の貿易をしていた長崎からの輸出では、ポルトガル人の力が必要であった。

マニラでは、中国の絹とメキシコからの銀が交換された。一六五〇年のマニラには、約

地図11　ガレオン船のルート

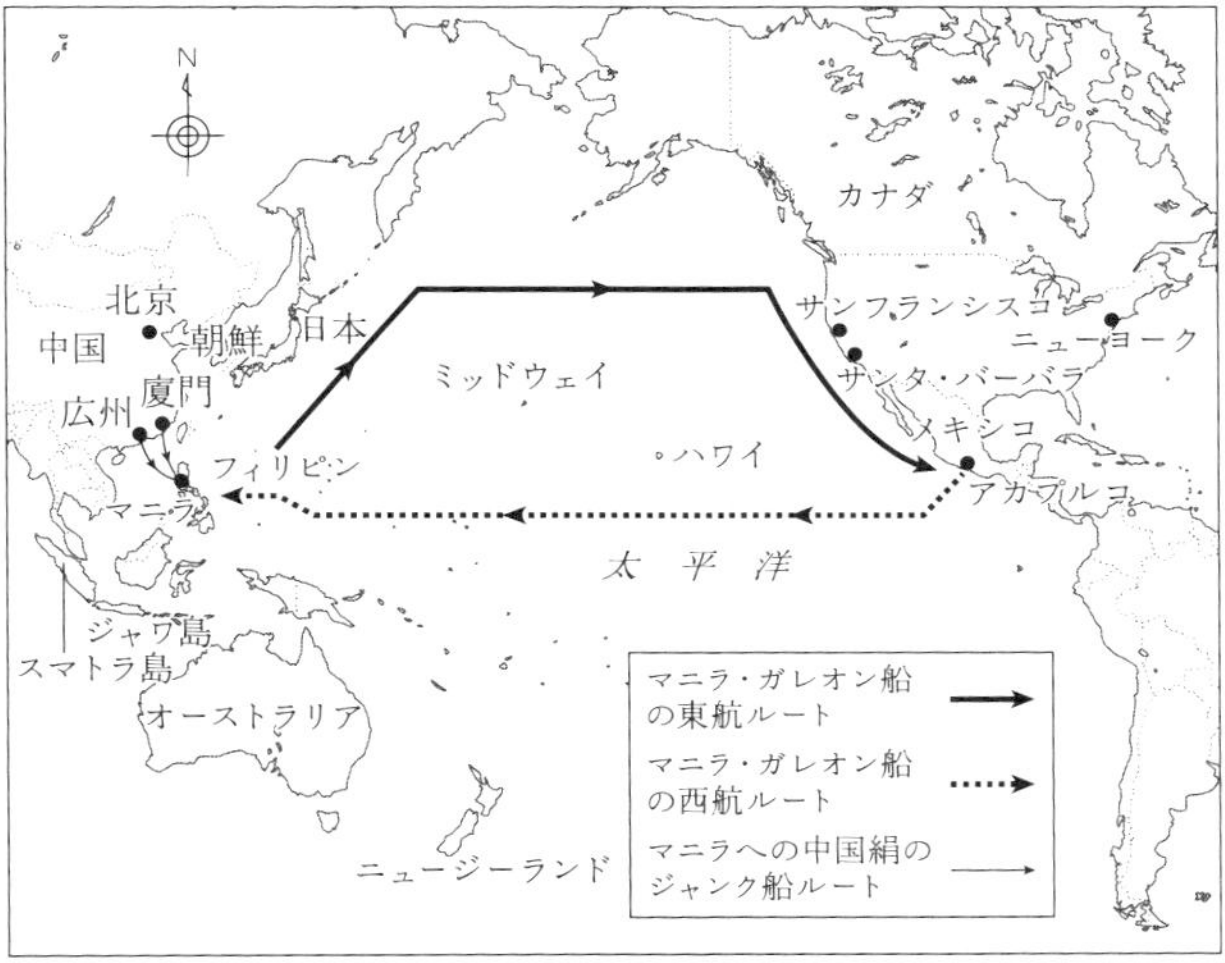

出典：William Lytle Schurz, *The Manila Galleon*, New York, 1959, pp. 12-13. をもとに作成

一万五〇〇〇人の中国人、七三五〇人のスペイン人、二万一二四人のフィリピン人がいた。さらに、おそらくは鎖国で帰国できなかった日本人もいただろうし、アルメニア人がいたことも確認されている。マニラは、まさに異文化間交易の中心となっていったのだ。だからこそ、スペイン人が比較的容易に貿易に参入できたのである。

マニラを通じて参入することが、スペインにとって、アジア市場に参入して利益をあげる唯一の方法であった。ヨーロッパ外世界の貿易は、まずポルトガル人によって、ついでオランダ人によって支配されていたが、この二国はマニラを支配することはできなかった。ガレオン船は、太平洋沿岸貿易の誕生を意味した。メキシコからの銀がフィリピンのマニラまではガレオン船で、そこから中国までは、ジャンク船で輸送された。

太平洋貿易には、巨大な船が必要とされた。ガレオン船の大きさは法的には三〇〇トンまでと決められていたが、実際には一〇〇〇トンに達することもあった。

また、太平洋を横断したガレオン船の製造コストはきわめて大きかった。一五八七年の時点で、五〇〇トンのガレオン船を建造するのに、八〇〇〇ペソかかったとされる。

ポルトガルは、スペインがフィリピン諸島で独占的な活動をしていたことに反感をもっていたにもかかわらず、太平洋に乗り出そうとはしなかった。ポルトガルは、ブラジルから、マカオ―マラッカ―モルッカ諸島までを、帝国の範囲とするにとどまった。

イベリア半島の二国で、このように棲み分けが起こった。しかし、東南アジアの重要な部分がポルトガルに委ねられたため、スペインは不利な立場にあったといえる。

†オランダとアジア

オランダ東インド会社は、一六〇二年に創設された。オランダにはアジアとの貿易に従事する会社がそれ以前からいくつもあったが、それらが統合されたのである。これは、一六〇〇年に創設されたイギリス東インド会社に対抗するためであった。

他国と同様、オランダも武力を使って支配力を強化した。オランダ東インド会社の総督ヤン・ピーテルスゾーン・クーンは、バタヴィア（ジャカルタ）に根拠地を置いた。そして、アジア域内交易を発展させ、ヨーロッパへの植民地物産輸出のための資金を調達し、極東に地金を送る必要性を減少させようとした。

クーンはまったく情け容赦のない人物であった。一六二一年には、ニクズクとメース（ニクズクの果実の果肉と種の間に、種を包む形に取り巻いている仮種皮を天日で乾燥させた香辛料）が産出する唯一の島々であるバンダ諸島の首領たちを、オランダの貿易独占という契約を破ったという理由で殺害した。また一六二三年にはアンボン（アンボイナ）でイギリス商館員をオランダ守備隊が殺害するという事件も発生した。

ヤン・ピーテルスゾーン・クーン（アムステルダム国立美術館蔵）

オランダ東インド会社には、四つのハブがあった。インドネシアのバタヴィア、インド東岸のプリカット、インド西岸のスラト、そして台湾である。

そのため、アジア全土で需要があったインド綿が、常に流通するようになった。そしてインドのマラバール海岸、ペルシア、アラビアの市場に接近することができたために、ヨーロッパへのインディゴ（染料）輸出をほぼ独占するようになった。それに加えて、中国と日本の貿易を結びつけ、日本銀の輸送をおこなうようになった。

さらにオランダ東インド会社は軍事力を用いて、ポルトガル人やスペイン人をアジアの都市から追放していった。一六三九年にセイロン（スリランカ）からポルトガル人を追放することに成功し、シナモンの独占権を手中にした。そして一六六〇年代には、同社は、インド東南部の海上貿易をほぼ独占することになった。これでオランダ人のネットワークは、紅海から日本にまでつながることになった。オランダ東インド会社のアジアにおける資本ストックは、一六六〇年代には二〇〇〇万ギルダーを超えた。

4　ポルトガル海洋帝国とイギリス海洋帝国

†ポルトガルからイギリスへ

本章においては、とくにポルトガルに焦点を当てながら、スペイン、オランダなどのヨーロッパ諸国のアジアへの拡大を論じてきた。だが、アジアの多くを植民地化したのは、イギリスであった。すなわち、ポルトガル海洋帝国が衰退し、イギリス海洋帝国が台頭したのである。確かにオランダは、東インド会社を有し、アジアでの貿易を増やしたが、その植民地は、ポルトガルよりも小さかった。

本節では、このポルトガルとイギリスという二つの海洋帝国がどのような点で異なっていたのかという点、さらに、イギリス海洋帝国が台頭した理由を考えてみたい。

†商人の帝国ポルトガル

すでに述べたように、現在のポルトガルの研究動向では、ポルトガルの海外発展は、国王の命令によってなされたというよりも、商人がみずから組織化して外洋に乗り出していったために可能になったということが、しばしば主張されている。これまでの研究は、中央政府の戦略を重視しすぎており、個人やその集団が帝国形成にかかわった程度を過小評価していた。だが、ときには、個人の貢献度のほうが高いこともあった。領土の獲得と商業的拡大は、別の事柄であったのだ。

国家の役割はむろん重要であった。しかし、ポルトガルという国は小さく、国王の権力は限られていた。王室は、政治力はあまりなく、財政的に安定せず、みずからの意思を実現するための制度的・行政的手段を欠いており、効率的に海外帝国を統治することはできなかった。そのため、ポルトガル王室は、植民地統治のために、他のヨーロッパ人、さらに先住民と協力する必要があったのである。

ポルトガル海洋帝国の形成には、複雑な輸送経路と巨額の資金調達能力が必要とされた。それは、ときとして、個々の商人や商人集団では調達できないほど巨額であった。それと同時に、中央政府は、国際的な貿易で活躍する商人集団からなるネットワークと協同しなければならなかったことを忘れてはならない。

さらにヨーロッパの商人は、カトリック、プロテスタントというキリスト教内部の宗派の違いを超えただけではなく、ユダヤ教徒、ヒンドゥー教徒などの異教徒とも交易した。たとえばインド南東部のコロマンデルからのヒンドゥー商人はマレー半島におけるポルトガル人の貿易を発展させるために重要な役割を果たし、一五一一年にポルトガルがマラッカを征服する手助けをした。

しかも、商人は国家の手足となって働いていたわけではなく、国家自体が商人のネットワークを利用していたのである。この二つは、相互依存関係にあった。近世のグローバリゼーションは、当初はこのような形態をとって進行したのである。

ところが一八世紀になると、アジアの貿易会社としてイギリス東インド会社が徐々にオランダ東インド会社に取って代わるようになった。その過程でポルトガル商人は、私貿易商人として生き延びるようになる。

ポルトガル人は、アジアの金貸しを利用して商売をした。一七世紀から一八世紀前半のポルトガル商人は、宗教にあまりとらわれずに活動し、中国人、他のヨーロッパ人、さらにはアルメニア人とも取引をした。ポルトガル商人こそ、異文化間交易を体現した商人であった。

ポルトガル商人は、中国から日本までの中間商人として活躍した。日本と新世界の銀が、マニラを経由し、中国に到達した。そのため明代後期の中国、とりわけ広州の貿易が大きく刺激されることになったのである。また、ポルトガル領インドから来たマカオのカントリー・トレーダーは、マニラの市場とインドとを接合した。

ポルトガル人のなかで、イエズス会のような公的な組織が、布教活動をしていたのは事実である。しかし、それと同時に、宗教にとらわれず、利潤の獲得を求めてアジアにまで赴いた商人もいた。後者のタイプの商人が、アジアのすみずみに進出し、宗派の壁を越えた貿易活動を担ったのだ。

確かに、ポルトガル商人がアジアの貿易で果たした役割は、アジアのさまざまな商人と比較して、決して大きいとはいえないかもしれない。だが、アジアの商人がヨーロッパまで行って交易をしたのではないわけだから、ポルトガル商人は、実はきわめて稀な役割を果たしていたといえるのである。

結びつく大西洋とアジア

これまでの研究では、一七世紀半ばになると、ポルトガル王室はアジアではなく、ブラジルを重視するようになったといわれてきた。ポルトガルがアジアで所有していた領土がオランダに占領されたので、ブラジルへと植民地経営の中心をシフトさせたというのだ。しかし最近の研究は、アジアとブラジル（この二地域はほぼ同じ緯度にあり、ポルトガルでは、ピンクゾーンと呼ばれる）の商業的紐帯は、強められることになったということを示している。

アジアの産品（織維品、絹、陶磁器など）への市場が一六世紀後半に成長しはじめると、それら商品は太平洋横断ルートでポルトガルまで輸送された。この輸入には、多数のニュークリスチャンが関与し、財産を築いた。

一六六一年にポルトガルとオランダ間で講和が結ばれると、ポルトガルの船舶は、インドのゴアからブラジルのバヒーアまで安全に航行することができるようになった。一六九〇年代には、ブラジルで金山が発見され、リスボンの貿易が発展するようになった。ポルトガルのイギリスに対する貿易赤字は、ブラジルから輸入される金によって補塡されるようになった。

一六三九年から一七一二年のあいだにリスボンからアジアに向かった三九隻の船のうち、二二隻がバヒーアに停泊してからリスボンに帰港している。そして、ブラジルの金と交換するために、アジアでインド綿、中国製の陶磁器と絹が購入されている。

一七世紀後半から一八世紀にかけ、アジア―ブラジル―アジアという直接交易が、ポルトガル国王の許可によりおこなわれるようになった。ブラジルには、金以外にもアジアで購入される商品を輸出するようになる。すなわち、粉タバコと砂糖が、ゴアとマカオで売られたのである。このように一八世紀になっても、なおポルトガル商人がアジアばかりか大西洋での貿易で活躍し、この二地域の海を結びつけていた。

東南アジアではたくさんの民族が商業活動に従事しており、ポルトガル人は、そのうちの一つにすぎなかった。けれども、はるばるヨーロッパから東南アジアにまで来て、商業活動をおこなうということ自体、もっと積極的な評価があって当然であろう。しかもポルトガル人のネットワークは、世界の多くの場所にまで広がっていったのである。

地図12からわかるように、ポルトガル海洋帝国の特徴は、新世界・アフリカ・アジアの全てに植民地を築き、それらが関連していたことにある。どの地域でも、ニュークリスチ

地図12　ポルトガル海洋帝国の版図

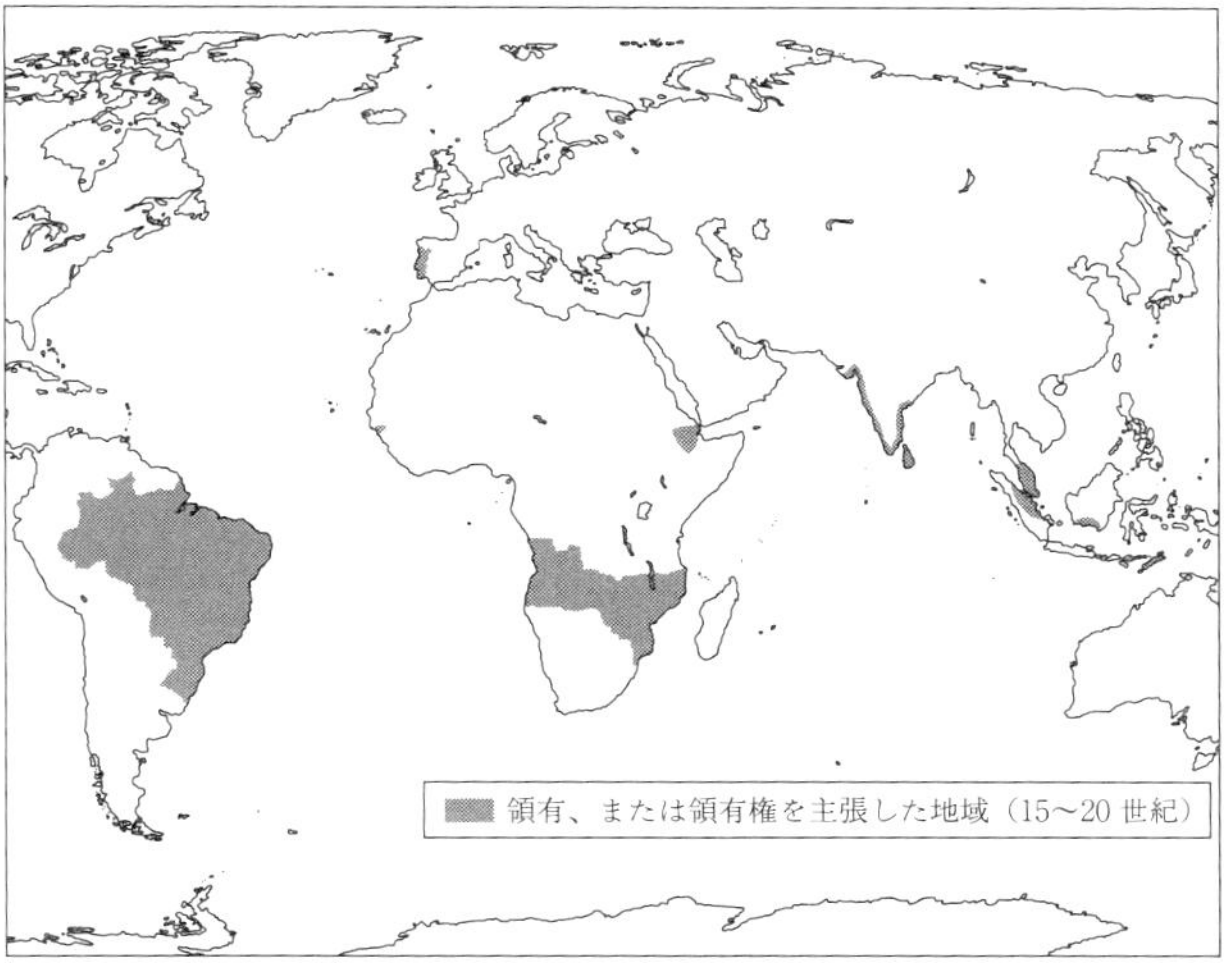

ャン、セファルディムや、キリスト教に改宗したユダヤ人であるコンベルソがいた。彼らの一部は、現実にはユダヤ教を信じており、さらに隠れユダヤ人と呼ばれる人々がいた。

一般に、ヨーロッパの対外的拡張は、キリスト教徒によって担われたと考えられている。しかし、正確な数値はわからないとはいえ、対外的拡張を担ったユダヤ教徒もいたことは間違いない。ポルトガルの場合、とくにそれがあてはまる。ポルトガルの海外発展におけるユダヤ人の役割を過小評価すべきではない。ほぼ確実なこととして、全世界にわたるユダヤ人のネットワークは、大航海時代とともにはじまったのである。

†イギリス海洋帝国とアジア

地図12のポルトガル海洋帝国と比較して、イギリス海洋帝国は、圧倒的に大きかった（地図13）。もし「帝国」という用語をただ一国にしか使えないとしたら、それがイギリスになることは間違いない。

イギリスは、大西洋経済の開発では新参者であったが、もっとも成功した国であった。大西洋経済でもっとも広くみられた砂糖の生産以外に、綿織物の生産に成功し、それをやがて世界中の市場で販売したのも、イギリスの顕著な特徴である。

また、イギリス史家の川北稔が主張したように、砂糖を西インド諸島で生産し、茶をアジアで生産し、それらがイギリス本国に送られ、一つのカップに入れられたことからもわかるように、イギリス海洋帝国は、一体性をもった帝国であった。

しかも、一八世紀末になると、アヘンをインドで製造させ、本国の綿製品をインドに輸出してアヘンを購入し、インド産アヘンを中国に輸出して中国からの茶の代価にあてるという三角貿易を開始する。これにより、一八三〇年代になると、貿易収支が逆転し、中国

地図13　イギリス海洋帝国の版図

の入超になった。そしてその代価として、銀が中国からインドに輸出されるようになったのだ。

中国は、イギリスの植民地にはならなかったが、半植民地状態になった国である。イギリスは、植民地ではない国さえもイギリス帝国のシステムの中に組み入れ、イギリス経済に従属させ、奉仕させるということを実行した。

一七七六年にアメリカが独立することでイギリスの第一次重商主義帝国が瓦解し、一九世紀が進むにつれ、インドがイギリス植民地の核になったというのが、現在もなお通説である。しかし最新の研究では、すでに七年戦争（一七五六〜六三年）のあとで、イギリス帝国の財政において、インドが重要性を増してくるという主張もなされている。

インドからイギリスに「本国費」と呼ばれる資金が送られており、それは本国の財政にとってきわめて大きな位置を占めた。財政面からみても、イギリス帝国は他の帝国の追随を許さないほどの一体性があったのだ。

それ以外の面からもみてみよう。たとえばオーストラリアは、イギリスの罪人が送られた島であった。つまりイギリス国内の問題の一部が、この大陸を植民地とすることで解決されたのである。このように、多くの植民地が、本国のために奉仕した。イギリス帝国は、きわめて各地の関係性が濃い帝国だったのである。

†イギリス海洋帝国——むき出しの暴力

ポルトガルが、国家の力が弱い、商人の帝国であったのに対し、イギリスは、新参者であるがゆえに、新たなマーケットの獲得を目指し、国家が商人の活動をバックアップしなければならず、ポルトガルよりも国家の主導力が強かった。

ただし、そのイギリスでも、商人と国家の共棲関係があったことは見逃されてはならない。イギリス東インド会社の職員は、アジア内部で、会社ではなくみずからの利益を求めて、私貿易（カントリートレード）に従事することが許されていた。これは、商人の側からみれば、むしろ私貿易による利益のほうが重要であったことのあらわれである。

イギリスからはるばるアジアにまで赴くことは、死を覚悟しなければできなかった。私貿易による巨額の利益が期待できたからこそ、イギリス人は、イギリス東インド会社の職員となり、アジアにまで行ったのである。もしイギリス東インド会社が私貿易を禁止したとすれば、豊かな商業ノウハウをもつ商人たちが、東インド会社に参画しなかった可能性は高い。

ヨーロッパとアジアの経済力が逆転し、ヨーロッパが優勢に立ったのは、イギリス産業革命が発生した一八世紀後半のことであった。産業革命とは、どちらかといえば劣勢に立たされていたヨーロッパ経済が、アジア経済に追いつき、追い越す過程を表す。長期的には、産業革命によって、エネルギー源が、生物に由来する有機エネルギーから石炭や石油などの無機エネルギーへと転換した。だがそれはかなり長期的な見方であり、産業革命が綿織物工業によって発生し、それによってアジアとヨーロッパの貿易で、アジア側が赤字になったということがまず重要であろう。イギリスの工業製品の綿は、アジアで売れ、ヨーロッパが長年苦しんだアジアとの貿易収支の赤字を解消したのである。

イギリスの綿は、大西洋貿易があったからこそ生産された。したがって大西洋貿易の発展がなければ、イギリス、ひいてはヨーロッパは、アジアに対する決定的な経済的優位を獲得できなかった。しかも、北米大陸からイギリスを経てアジアに至るまで、この商品のほとんどすべてを、イギリス人が運んだのである。他の国の船で運んだ場合と比較するなら、イギリスの利益ははるかに大きかった。

イギリスは、イギリスないしイギリス帝国で生産された商品を自国船で輸送した。しかも、そのための海上保険会社として、自国の保険会社ロイズを使用した。そのため、イギリスにはますます巨額の利益が流入した。このようなイギリスのシステムは、他国には真似ができなかった。

イギリスは、ヨーロッパ外世界への拡張においては、新参者であった。最初にヨーロッパ外世界に出て行ったイベリア半島の二国、とりわけポルトガルと比較すると、イギリスは経済面で、国家の関与する比率が高かったと考えられる。イギリスが最終的に大西洋貿易でもっとも有力な国になれたのは、そのためであろう。

イギリス東インド会社のあり方も、その動きと関係している。一七六〇年代から、イギリス帝国の経済の中心になり、一七六五年からは、インドからイギリスへと富を移動させることを目標とするようになった。ここに、イギリス帝国による、大西洋経済とアジア経済の統合がみられるのである。

イギリス東インド会社がもっていた強大な軍事力はやがて衰え、一八一三年にはインドとの貿易独占が廃止され、一八三三年になると、中国との貿易独占権が停止されることになった。イギリス東インド会社は、「事業の帝国」から、統治を主体とする会社へと変貌した。

帝国主義時代とは、「むき出しの暴力」で欧米が世界を蹂躙した時代だと定義づけられよう。しかしイギリスほど、「むき出しの暴力」で、支配地域を世界中に拡大し、その地の政治構造を変えた国は、おそらくあるまい。

イギリスは、世界のさまざまな地域で植民地や半植民地として機能する「国家」を強引に形成していった。その最たる例が、インドである。イギリスの前にインドを支配していたムガル帝国の領土は、インド亜大陸の中央部にまでしか及んでいなかった。それに対しイギリスは、一八世紀後半のマイソール戦争で、南インドの支配権を獲得し、一八世紀第4四半期から一九世紀初頭まで続いたマラーター戦争で、デカン高原中西部の支配権を確立した。そして、一八四八〜九年の第二次シク戦争で、インド北西部からパキスタン北東部にまたがる地域を獲得したのである。インドという巨大な国家は、イギリスが誕生させたといえるのだ。

†イギリス帝国の勝利

これまでみてきたように、イベリア半島の二国の対外進出をきっかけとして、ヨーロッパでは、対外的拡張のために海上ルートで発展を遂げた。もともとは、前章で述べたように、ポルトガルがイスラーム教徒の手を経ずに西アフリカから金を輸入しようとしたことからはじまったが、軍事革命の影響もあり、いつの間にか、ヨーロッパ外世界の植民地化へとつながっていった。

西アフリカの金の重要性が低下すると、ポルトガル人とスペイン人は黒人を奴隷としてスペイン領アメリカに輸送し、鉱山で労働させた。そして、一六世紀後半以降ブラジルでの砂糖（サトウキビ）生産の重要性が増加し、一七世紀以降は、ブラジルのみならず、西インド諸島でも黒人奴隷を用いた砂糖（サトウキビ）生産がおこなわれるようになる。

ヨーロッパ諸国の人々は、アジアにも赴いた。ヨーロッパは、自前の船でアジアへと出て行き、主要な流通経路を押さえた。そのため、商品連鎖の多くの部分をヨーロッパ商人が担うようになり、アジアは、ヨーロッパに従属するようになった。

ヨーロッパのアジア進出において、もっとも重要な役割を果たしたヨーロッパ商人は、ポルトガル商人であった。彼らは、国家の意向とは関係なく、アジアのさまざまな地域に進出した。ポルトガル海洋帝国は、「商人の帝国」であり、アジアにおけるポルトガルの領土がオランダやイギリスに奪われたとしても、商人のネットワークは破壊されなかった。ポルトガル語は、一八世紀末に至っても、アジアでもっとも頻繁に話されたヨーロッパの言語であった。

ポルトガルとは対照的に、イギリスは、国家の役割を増加させていった。おそらく一七世紀には国家の力はあまり強くなかったであろうが、徐々にそれを強めていったのである。イギリス東インド会社の本務は事業から統治へと変わり、本国費が帝国の財政で重要な地位を占めるようになった。イギリスは、国内でも国家が経済に介入して経済を成長させたが、それを帝国全体で実行するように、あるいはできるようになった。

一九世紀には、イギリスは世界最大の海運国家になった。イギリスの製品は、アジアに向けてイギリス船で輸送された。蒸気船が定期的に航海するようになった一九世紀後半になると、イギリスからアジアへの航海日数は、大きく短縮された。

具体例をあげよう。フィンランド人の歴史家セイヤ・リータ・ラークソの研究によれば、イギリス東インド会社が一八一三年にインドとの貿易独占を廃止された結果、競争が激しくなり、イギリスとインドのあいだの最短の航海時間は、一〇〇日間を切るようになった。一八三二年の記録は、ロンドン—マドラス間で八三日間、ロンドン—カルカッタ間で九八日間、リヴァプール—ボンベイ間で、九三日間であった。

これは、一七世紀の記録と比較すると、きわめて大きな航海日数の減少だということがわかる。地域は異なるが、オランダ東インド会社に関して残っているデータから、アムステルダムからの手紙がインドネシアのバタヴィアに着いて、そこからさらにアムステルダムに返事が来るまでに、二〇カ月以上かかったということがわかっている。

しかも、一九世紀のイギリスは、途中で停泊する港をはるかに少なくすることに成功した（それは、他のヨーロッパ諸国にもあてはまる）。そうすると、途中でいくつもの港に停泊し、いくつかの異文化間交易圏をまたがって航行していたのが、直接ヨーロッパとアジアの現地とを結びつけることができるようになった。すなわち、一回の航海で関係する異文化の数が減少し、イギリスを中心とするヨーロッパは、直接アジア諸国とコネクションをもつことが、以前よりもはるかに容易になっていったのである。

商品連鎖の数は少なくなり、そのほとんどをヨーロッパ人、とくにイギリス人が担うようになった。そのため、イギリス人に代表されるヨーロッパ人とアジア人との間に支配＝収奪関係が発生したばかりか、次第にそれが強められることになったのである。

†ヘゲモニーと電信

イギリス経済最大の武器は、世界中に張りめぐらされることになる電信であった。一八三七年にアメリカ人モールスが発明した電信は、アメリカではなくイギリスで大きく発展

イングランド銀行（トーマス・H・シェファード、1816年）

した。一八五一年に、最初の海底ケーブルが英仏海峡で敷設された。海底ケーブルが世界中に延び、一八七一年になると、長崎にまで至った。一九一三年の段階で、世界の電信の約八割をイギリスが敷設していた。

このとき、世界の金融の中心はロンドンであり、イギリスは金本位制を採用していた。そのため世界中の国は、国際貿易の決済にはロンドンの銀行を使わざるをえず、世界のほとんどの地域で金本位制が採用されることになった。その決済のために使われたのが、電信であった。すなわち、世界経済が発展すればするほど、国際貿易においてはどの国もイギリス製の電信を用いた決済システムを使わざるをえず、イギリスは、その金融力で世界経済のヘゲモニー国家となった。

それは、イギリスが独力で成し遂げたことではない。イギリスは、マラッカの一部やシンガポールなど、ポルトガル海洋帝国のいくつかの領土を自国領にした。そもそもイギリスが金本位制を採用したのは、一七〇三年にポルトガルと結んだメシュエン条約の結果、ブラジルの金がイギリスに流入したからである。

ヨーロッパの諸帝国、とりわけポルトガル海洋帝国がなければ、イギリス海洋帝国は生まれなかったであろう。イギリスは、もっとも美味しい果実を食べることになった国である。イギリスがグローバリゼーションの先頭に立ち、世界中に植民地を獲得できたのも、それに先立ついくつかの海洋帝国のおかげであった。

終章

近代世界システムの終焉

†近代世界システムと現在

近代世界システムは、現在では世界全体を覆うようになった。近代世界システムにおけるグローバリゼーションは、ほぼ完了したといえるだろう。社会主義経済が一九九一年に崩壊すると、ソ連も東欧諸国も、完全に近代世界システムに包摂されたが、それは拡大の原理を基調とするこのシステムの終焉を意味した。

では、近代世界システムは、現在の世界にどのような影響を及ぼしているのだろうか。本章では、それについて論じるとともに、ポスト・近代世界システムの世界についても考えてみたい。

†帝国主義経費論争

イギリスの歴史学界で一時期、「帝国主義経費論争」という激しい議論が巻き起こった。これは、一九世紀から二〇世紀初頭にかけてのイギリスの帝国主義が、イギリスにとってプラスだったのかマイナスだったのかという論争である。

イギリスは、世界史上もっとも広大な帝国を形成した。その維持のために、イギリスは大艦隊をもたなければならなかった。そして植民地への投資は、膨大な額にのぼった。そのような投資をするよりも、国内の産業に投資すべきではなかったか、帝国を維持するという目的のために費やされた費用を他の目的のために使うほうが、イギリス経済にはプラスになったのではないかという意見もあった。

要するに、イギリス帝国を維持するための費用をまかなえるほどに、帝国がイギリス本国にプラスをもたらしたのかということを論争したのだ。むろん、この論争では、イギリスの支配が植民地にとってプラスだったのかマイナスだったのかという発想はない。

この論争に対する私の考えは簡単である。大きなプラスだった。それが答えだ。しかし、イギリス人の歴史家は、そうは考えないのである。

イギリスは、ヨーロッパ大陸の端から少し北にある小さな島国にすぎない。ところが、そこで話されている英語という言葉は、今では唯一の世界語である。英語こそ、イギリス帝国主義の最大の遺産である。

アメリカ英語がいくら盛んになっても、英語の本家はイギリスであるという気持ちを多くの人が抱いている。イギリス人は英語のネイティヴであるという理由で、英語を母語としない国で英語の語学教師になることさえ可能である。正しい英語となるのは、英語を母語とする人たちの英語であり、英語を母語とするイギリス人の優位性は、インターネットの時代になって、ますます大きくなっている。

日本の大学が留学生集めに汲々《きゅうきゅう》としている一方で、イギリスの大学は、決して楽々とではないにせよ、世界中から、とくに旧植民地から、多くの留学生を受け入れることができる。また、さまざまな学問の共通語は英語であり、理系の場合、英語以外に国際的な雑誌はないというのが現状である。

イギリスは、帝国主義時代の遺産をいまだに享受しているし、それは、今後も長く続くことであろう。

†経済のシステムをつくりあげたイギリス

イギリスは、確かに世界で初めて産業革命を成し遂げた、世界最初の工業国家であった。しかし、イギリスが世界経済のヘゲモニー国家となったのは、おそらくそのためではない。オランダがヘゲモニー国家だった時代には、オランダが「ゲームのルール」を決めた。とはいえ、それはまだ、ヨーロッパの一部に限られていた。しかしイギリスは、世界全体の「ゲームのルール」を定めたのである。

電信は、イギリス史家ヘッドリクにより、「みえざる武器」と呼ばれている。電信の使用で、情報の伝達は大幅にスピードアップした。前章で述べたように、国際貿易をしようとすれば、イギリスの電信を使わなければならず、人々は、イギリスが開発したシステムに乗らなければビジネスができないという状態になった。

イギリスは単に工業製品を輸出しただけではない。イギリスが生産した工業製品はイギリスの船舶に積載され、しかもイギリスの海上保険会社であるロイズによって保険がかけられた。それに、電信が加わり、イギリスは経済のゲームのルールを決める国家として決定的な役割を果たすようになった。

一八七〇年代から、イギリスの工業生産高は世界一位ではなくなり、第二次産業革命の旗手となったドイツやアメリカに、その地位を明け渡した。しかし、輸送や保険や電信のおかげで、世界の貿易が発展するほどイギリスは儲かるのだから、むしろイギリスの経済面での支配力は、上昇したとさえいえよう。

イギリスがなかなか完全には没落しないのは、一九世紀のあいだに、世の中がどう動くかという枠組みを決定したからである。現代社会の非公式の公用語が英語となっている以上、その枠組みはなかなか変わらない。一度ルールを決めた国家は、それ以降もその恩恵にあずかり、簡単には衰退しないのだ。

イギリスがオランダよりも強力なヘゲモニー国家だったという事実は、こんにちもなお、世界におけるイギリスの地位を維持させることにつながっているのである。

†アメリカのヘゲモニー

アメリカは、ロシアを除くヨーロッパ諸国よりもはるかに領土が広い。そのため、ヨーロッパをモデルとした経済発展のパターンがあてはまらないことがある。

ヨーロッパの工業化のモデルでは、工業化に必要な資源の多くは、他国から輸入しなければならない。それに対しアメリカは、国内でほとんど全ての資源をまかなうことができた。ヨーロッパが他国からの資源の輸入で経験したような困難を感じることはなかったのである。

またアメリカは、ヨーロッパからもアジアからもかなり離れた場所に位置している。それゆえ、外国からの侵略を受けることはなかった。だから戦争が起こっても、アメリカは無傷でいられた。

アメリカ独立戦争を別とするなら、アメリカの領土が他国から攻撃を受けたのは、これまで二度しかない。日本の真珠湾攻撃と、二〇〇一年九月一一日の同時多発テロだけである。しかも、本土を攻撃されたのは、後者のときだけであった。アメリカは攻撃されることに慣れていない。したがって、同時多発テロが敵国の攻撃に慣れているヨーロッパで起こったとしたら、アメリカほどには派手なリアクションはしなかったかもしれない。

アメリカのヘゲモニーは、二度の世界大戦に参加したものの、本国が戦場にならなかったことによって可能になった。ヨーロッパが疲弊するあいだに、アメリカは大きく経済成長したのである。第一次世界大戦以前に債務国だったアメリカは、それ以後債権国に変わった。

第二次世界大戦によって、イギリスの金融業の中心だったロンドンのシティの地位は大幅に低下し、一方、ニューヨークのウォール街の地位は急速に上昇し、世界金融の中心地となった。

アメリカはまた、第二次世界大戦後、国際機関を設立し、その後ろ盾となった。たとえば国際連合は、アメリカの意向を無視して動くことはできない。国際連合の多国籍軍とは、「アメリカ軍」ともいえるのである。IMF（国際通貨基金）であれ世界銀行であれ、アメリカの利害が何よりも優先される。GATT（関税及び貿易に関する一般協定）は、国際機関とはいえないが、関税率を引き下げる事を目標にしていたのは、ヘゲモニー国家アメリカにとって、それが一番儲かる手段だったからである。アメリカは、国際機関を利用することでグローバリゼーションの主導者となった。

現在、TPP（環太平洋戦略的経済連携協定）への日本の加入をめぐり、多様な議論がなされているが、アメリカは、自国に都合の良いことが正義であると無邪気に信じているところがある。アメリカは、一見して中立的にも思えるが、実は自国の利害を代弁する国際機関をつくり、「ゲームのルール」を決めた。彼らにとって、それこそが正義なのだ。

ここから考えると、世界の枠組みはまずイギリス、次いでアメリカ、すなわち、アングロサクソンによって決定されてきており、それは当分続くとしかいいようがないのである。アメリカが大艦隊をもっているのも、一九世紀のイギリスと同じ理屈である。アメリカ軍の維持には膨大な費用がかかるが、ヘゲモニー国家であるアメリカの活動が、世界全体の動きと密接に関係しているから、そうせざるをえないのだ。

†ヘゲモニー国家と軍事・商業情報

ヘゲモニー国家は、当然、さまざまな地域からの商業情報を入手する。そして、その商業情報は、軍事情報と密接な関係があるものが多い。

一七世紀半ばのアムステルダムは、ヨーロッパの武器貿易の中心であり、多くの武器がこの都市で取引された。歴史家は、武器とは市場で取引される商品であるという事実に、もっと目を向けて研究するべきであろう。武器を売るということは、戦争のための戦略を売るということでもある。

アムステルダムの武器は、当時、銅や鉄の供給地として知られていたスウェーデンから輸入された。そしてアムステルダムのトリップ商会は、いわば「死の商人」として活動した。もしオランダがどこかの国と戦争することになれば、商人の国際的なネットワークを通じて、その国の情報を入手することができた。さらに、戦争相手国がオランダ製の武器を使っていたなら、どのような戦略を用いるのかが事前に予測できるので、戦争に勝つことは難しくなかった。

オランダが戦争で勝利したのは、マウリッツの軍制改革と、商業情報の入手経路を使って手に入れた軍事情報のおかげである。

イギリスとアメリカの場合、事態はこれとは逆であった。

イギリスが敷設した電信は、軍事情報のやりとりのためにも使用された。しかし軍事使用に限定していては、コストがかかるばかりで、まったく儲からない。電信は、軍事目的だけではなく、商業目的にも使うことで、経済的に利益の出るものとなったのである。

また、アメリカの経済力が衰えたと思われた一九八〇年代以降、元来は軍事目的のために使われていたＩＴを、商業目的にも使うようになった。そのためこの技術は経済的に大きな利益を生むようになり、アメリカ経済の復興へとつながった。ここでも、軍事情報と商業情報の共棲関係がみられる。

この三つのヘゲモニー国家の事例からも判明するように、軍事情報と商業情報は不即不離の関係にあった。そして、その両方を利用できたのが、ヘゲモニー国家の特徴であった。

†工業化のパターンの変化

一九世紀から二〇世紀半ばまでの工業化のパターンをみると、鉄道や港湾施設などのインフラストラクチャーの敷設が重要であったことがわかる。まず、交通網を整備して、それから工場を建て、工業化を推進したのである。

ヨーロッパの国々は、自国の工業化を促進するために、第一次産品を輸出する植民地を単なる原材料の供給地域かつ工業製品の購買地域とし、そこで工業を発展させようという意志は、毛頭なかった。これが、植民地時代の欧米と植民地との関係であった。

だが、現在中国や東南アジアで進んでいる工業化は、これとはまったく異なっている。まず、世界中の資本が、これらの地域で工場を建設するために使われている。それは、中国や東南アジアの賃金が安く、工場を建設すれば、安価な労働力が使えるからである。

もともとはイギリスのヘゲモニーを可能にした国際的な金融ネットワークを利用し、現実には主としてアメリカ、次いでイギリスの金融市場を通じて、先進国からアジアの発展途上国へと資金が流れる。国際的な交通網などのインフラストラクチャーの整備はほとんど進んでおらず、道路は、日本では信じられないほどの自動車やオートバイで溢れている。

そもそも欧米や日本の工業化では、鉄道などのインフラが整備されてから、工場ができた。しかし現在の発展途上国の工業化では、交通のためのインフラが発達しない。そして自国では人件費の高い先進国が、より賃金の安いところを探して工場を建てているのだ。それがポスト・コロニアル時代の工業化の姿である。

このように、工業化の形態は、大きく変化しつつあるのだ。

†終焉を迎えつつある近代世界システム

すでに述べたように、経済学には、「未開拓の土地」という用語がある。まだ開拓していない地域があれば、経済は成長できる。しかし現代は未開拓な土地などない。これは、新たなマーケットを求め続けてきた近代世界システムの終焉を意味するものだと思われる。

近代世界システムは、「未開拓の土地」がなければ成り立たない。すなわち、絶えず成長し続けるためのマーケットが必要である。しかし、それがもはやなくなっているかもしれないのだ。

そもそも、近代経済学で、そして近代世界システムで前提としている「持続的経済成長」というものは、現実にはフィクションでしかない。

地球の資源は限られており、世界の人口はやがて減少するだろう。さもなければ、地球環境がもつまい。現在の日本が直面している以上の超高齢社会が、いずれ地球全体に訪れることは、間違いあるまい。若者のほうが少ない世界が、かなりの長期間続くことになる。世界的な人口減少がいつはじまるのかということについては、二世代や三世代の差は、誤差の範囲である。もはや、拡大の原理を基調とする近代世界システムは、終焉を迎えつつあるといって良いのではないだろうか。

†こんにちのグローバリゼーションの意味

こんにちの世界の大きな特徴として、グローバリゼーション、ないし世界の一体化がある。それは、近代世界システムの特徴でもある。世界が一体化すると、商品の価格の相違がなくなってゆく。輸送コストが引き下がり、その分、価格差は減少することになる。もし同じ商品でも国により大きな差異があれば、密輸が横行するだろうし、最終的には、価格差は縮小される。それが、グローバリゼーションの帰結なのだ。

さらに、賃金は、それ自体一つの商品である。世界が一体化すればするほど、企業は、より生産コストが低い地域で工場を建設しようとする。現在、中国や東南アジア、さらにはインドで工場が建設されているのは、それが大きな理由である。ポスト・コロニアル時代に先進国だけではなく発展途上国でも工場が建設されるのは、グローバリゼーションが本格的に進んだ結果、賃金を削るという形態による競争がはじまったからだといえよう。

発展途上国の工場で働く労働者の賃金は、当然先進国のそれよりも低い。より正確にいうなら、ずっと低い。その一方で、そのような低い賃金は、先進国の労働者の賃金を抑制するように機能する。つまり、賃金が上がらない世界が出現しようとしているのだ。

一九世紀のグローバリゼーションに関して世界でもっとも影響力のある書物である『グローバリゼーションと歴史』を著したオルークとウィリアムソンによれば、さまざまな商品の価格が収斂していくという意味での世界の一体化は、一八二〇年代にはじまる。また一九世紀後半には、商品と生産要素市場（生産要素である資本・土地・労働などが取引される市場）が、全世界で統合された。そして世界市場と無関係な場所は、第一次世界大戦がはじまるときには、ほとんどなくなっていた。世界経済が一体化（convergence）し、価格差がなくなっていったからである。

世界経済が一体化した主要な要因は、貿易と大量の移民にあった。開放経済が、世界の一体化の原因であった。たとえば、実質賃金の相違は、一八七三〜一九一四年に世界中で大きく縮小した。

世界経済が一体化したのは、この時代の世界経済をリードしていたイギリスが、自由主義経済体制をとったからだ。そのために、さまざまな商品が世界中で取引されることになった。また、蒸気船や鉄道の発達により、輸送コストは著しく下がり、労働者が、たやすく世界を移動することができるようになったのである。

資本もまた、そのフローを増加させた。貧しい国に対して巨額の投資がなされた。その理由としては、もし生産関数（企業や経済全体がどれだけの資源・原材料を投入したら、どれだけの生産をおこなえるかを表した数式）がどこでも同じであり、資本と労働だけが生産に投入されるなら、投下資本への収益率は、豊かな国よりも貧しい国のほうが高くなるからだ。

こんにちの社会で、中国や東南アジア、インドへの投資が増加している理由も、このようにして説明できよう。

†賃金格差

最近ベストセラーとなったトマ・ピケティの『21世紀の資本』（みすず書房）によれば、

資本収益率が産出と所得の成長率を上回ると、資本主義は自動的に、恣意的で持続不可能な格差を生み出す。ピケティは、一九七〇年代以降、貧富の差が拡大したと主張する。ピケティの議論では、格差問題は、あくまで一国の中にとどまり、そして一つの国の中で、賃金格差が大きくなっていると主張するのだ。

賃金格差を論じるなら先進国と発展途上国の格差を論じるべきだと私は思うが、ピケティにはそのような発想はないようだ。だが、彼の議論から推測されるのは、発展途上国を含めた世界全体でみても、賃金格差は広がっているように思われるということである。

こんにちの世界では、ごく一部の企業のトップを除くなら、賃金を上昇させる誘因はない。このような世界の出現は、結局、これまでの議論から判明するように、近代世界システムが世界を覆いつくした結果だということに尽きよう。もはや、「未開拓の土地」はなく、持続的経済成長という神話は崩壊しつつあるからだ。

そもそも、持続的経済成長には、人口が絶えず増加し、人口ピラミッドが美しい三角形をなしているという前提があった。しかし、どの先進国でも高齢化が進んだこんにちでは、持続的経済成長の前提条件の一つが崩れていることに、われわれはもっと目を向けるべきであろう。

†「飽くなき利潤追求」

「飽くなき利潤追求」が可能であった時代は、実はもう終わりつつある。すなわち、近代世界システムが終焉を迎えつつあることに、人々は気づくべきである。しかし、現代社会の人々は、「未開拓の土地」がなくなったという事実に気づかず、現在もなお、ウォーラーステインのいう「飽くなき利潤追求」がはびこっている。

現在ではアメリカ流の株主資本主義が台頭し、世界的にみれば、会社は株主の所有物となったといって、さしつかえないであろう。会社はまさに株主の「所有物」であり、そこで働く人々の幸福は考えない。

だがもし株主に責任感があるなら、従業員の賃金や待遇の改善にも興味を示すはずだし、そもそもその責任がある。ところが不思議なことに、株主資本主義の首唱者たちは、従業員の賃金にはほとんど関心を示さない。ピケティの説は、だからこそ、こんにちのアメリカ社会によくあてはまるのである。

株主は、四半期ごとの短期的利益を求め、経営者は、リスクを冒しても短期的な利益をあげることを余儀なくされる。アメリカ発のサブプライムローン問題も、さらにはリーマンショックも、本質的には「金を貸すときに確実な担保をとる」という当然の原則を忘れたから生じた。そもそも、サブプライムローンは住宅価格の上昇が前提になっていたが、日本のバブルと同様、住宅価格が永遠に上昇することなどありえない。

もし経営者が短期的な利益しか求めないなら、今後も、このようなことは頻繁に発生するほかない。経営者は、短期的に利益を出し、そこで企業経営からリタイヤすれば、十分なカネがえられる。いざとなれば会社を売って儲ければ良いのであり、最終的には、儲からない会社を買った経営者と、そこで働く従業員が大きな損害を被ることは考えない。

こういう傾向は、製造業にもあてはまる。韓国のサムスンは、世界を代表する家電メーカーであるが、その部品には日本製品が多い。サムスンは、いわばそのアッセンブリーをしているにすぎない。サムスンは、良い部品を世界のどこかから調達すれば良いという考え方をもっている。いざとなれば、優秀な技術者をヘッドハンティングすれば済むのであり、自分たちで育てる義務はないと考えている。それはサムスンだけではなく、現在の世界の多くの企業にあてはまる傾向かもしれないのだ。

だが、もしすべての会社がそうなってしまったなら、工業製品そのものがこの世界から消滅してしまう。工業製品を生産する人々を育成しなければならないという思想が欠如しているからである。近代世界システムは、そしてそれが生み出したグローバリゼーションは、世界を、あまりに危険な状態に追いやっているのかもしれないのだ。

一六世紀頃のヨーロッパから生まれた近代世界システムは、現在、このような形態の世界をつくるようになっているのである。

現在において、「未開拓の土地」とは、「今までなら労働者が手にしていた賃金」を意味するようになっているように思われる。現在、世界中で富める人々と貧しい人々の格差が拡大しているとすれば、近代世界システムが、新しい利潤の源泉を、本来ならば労働者の手に入るはずの賃金に見出しているからにほかならない。

†ポスト・近代世界システム

近代世界システムが消滅したとすれば世界はどのようになるのか。それに対する回答は、私には出せない。それは、明日は今日より良い日であり、賃金は長期的には必ず上昇し、生活水準は必ず上昇するということに、われわれが慣れ親しみすぎており、私には、それ以外の世界が考えられないからである。

確実なことは、新しいシステムの創出にかかる期間としては、一世紀でも短期であるということである。そもそも近代世界システムの誕生から死まで、五〜六世紀もかかったのだ。もしわれわれが、古いシステムの死と新しいシステムの誕生の両方を経験しているのだとすれば、非常にラッキーだといえるのかもしれない。

しかしそれは、近代世界システムが死に絶え、所得格差がもっと少ない世界が形成されるということは意味しない。もしそういうことを信じているのだとすれば、あまりに無邪気というべきであろう。

ここで私がラッキーだと表現したのは、滅多にない歴史的経験をしているという意味にすぎない。ポスト・近代世界システムの世界がどうなるのかは誰にもわからないだけではなく、より良いシステムの形成のために何をなすべきかということも、本当は誰にもわからない。

ただいえるのは、それが非ヨーロッパ化した世界であろう、ということである。ヨーロッパが生んだ近代世界システム、あるいは新しい形態のグローバリゼーションに取って代わるものがあるとすれば、それ以外には考えられない。だが現在、その端緒さえ、みえてはいないように思われるのだ。

その点では、われわれはアンラッキーである。

あとがき

現在の歴史学界では、どうも西洋史は旗色が悪い。それに対して、アジア史が元気である。その原因は、ヨーロッパの力が弱まり、アジアのそれが強まっていることに求められよう。

しかし私には、現在のアジアはヨーロッパ化したアジアであり、一九世紀に世界各地に植民地をもったヨーロッパの影響力は今なおかなり強いと感じている。しかも、そこから脱却するには、今後なお数世紀かかると思われるのだ。本書は、そのような意識から生まれた。

とはいえ、ヨーロッパが他地域よりも圧倒的に大きな経済力をもつようになったのは、比較的最近であり、たかだか一九世紀のことにすぎない。本書では、そこに至るまでの過程を描いたつもりである。

ところで、ヨーロッパの歴史とは、戦争の歴史でもある。ヨーロッパが対外的に拡張し、世界を支配したということは、現代世界も、戦争を前提としたシステムから成り立っているということを意味する。それを知らずして、現代世界は語れない。

ヨーロッパの対外的拡張の過程は、アジアやアフリカの従属の過程でもあった。それが、植民地時代の世界経済の実相だったのである。そのような時代にヘゲモニーを握ったのはイギリスであり、同国は、イギリスで生産された商品を、イギリス船で輸出し、その商品にはイギリスの会社を使って保険をかけた。世界中に電信網をめぐらせ、その使用料収入で儲けた。

イギリスは、経済のゲームのルールを決定した。言い換えれば、経済活動の文法を決めたのである。イギリスの経済活動こそが経済の規範文法であり、そこから逸脱することは許されなかった。

このようなシステムを構築したことこそが、イギリス帝国の強みであった。

それは一朝一夕に出来上がったのではなく、長い時間がかかってようやく完成した。最初のヘゲモニー国家オランダ（これについては、玉木俊明『近代ヨーロッパの誕生』〔講談社選書メチエ、二〇〇九年〕に詳しい）、さらには最初の世界的海洋帝国ポルトガルがあったからこそ、イギリスはヘゲモニー国家になれたのである。

現在のアメリカがヘゲモニー国家であるかどうかはわからないが、アメリカもまた、経済のゲームのルールを決めることでヘゲモニー国家になった時代があったことは認めるべきであろう。現代世界は、アングロサクソンによって形成されたのである。

それに対し日本が独自のシステムを形成し、ヘゲモニー国家になることは、今世紀どころか、来世紀においても不可能であろう。本文でも少し触れたが、現在の世界では、工業製品を生産する人々を育成しなければならないという思想が欠如しているように思われる。私は、日本はモノづくりを維持し、アングロサクソンとは違う資本主義を目指すことが、世界経済にもっとも大きく貢献することになると信じる。

近代世界システムの特徴は、「飽くなき利潤追求」にある。それには「未開拓の土地」が必要とされるが、もはやそれが存在しなくなった現在、世界は労働者の賃金に「未開拓の土地」を求めていると考えている。

そう思うようになったのは、二〇一三年一二月に勤務校の京都産業大学の労働組合の執行委員長になり、全国の大学、さらには一般企業で多数の労働問題が発生していることを知ったからである。その経験から、近代世界システムが終焉を迎えつつあり、労働者の犠牲によって成長する企業の数が増えているのではないかという気がしてきたのだ。

ブラック企業の登場は、労働者に入るべき賃金が経営者や株主のものになることを意味し、ひいては近代世界システムがもはや終焉を迎えていることを暗示するように思える。

近代世界システムが終焉し、ポスト・近代世界システムが生まれつつあるのが現在の世界であろう。その社会がどのようなものになるのかということは、本当に見当もつかない。しかし、アジア世界の現在の経済成長がどうなるのかということと密接に関連しているのは間違いあるまい。

残念ながら、本書では、近世東アジアの貿易が書かれておらず、さらにはアジアにおけるオランダの貿易について、十分に論じられているとはいえない。叙述のための十分なスペースがなかったこともあるが、研究量の多さに私の能力が追いついていないということも要因となった。

とくに東アジアの貿易については、長期的には日本の工業化、さらには韓国や中国のこんにちの経済成長とも関係するだけに、今後の重要な研究課題だと感じている。

どのような書物も、一人の力だけで書くことは不可能である。私は、書物の執筆とは編集者との共同作業であると信じている。編集を担当してくださった河内卓さんからは、厳しくも的確なアドバイスをいただいた。本書の内容は、そのために大幅に改善された。

さらに、京都産業大学経済学研究科博士後期課程の大学院生坂野健自君は、本書の草稿を読んでくださったばかりか、貴重な意見を述べてくれた。記してお礼申し上げる。

二〇一五年九月　洲本にて

玉木俊明

索引

ア行

カ行

サ行

タ行

ナ行

ハ行

マ行

ヤ行

ラ行

ワ行

英字

主要参考文献

欧文文献

Ahvenainen, Jorma, *The Far Eastern Telegraphs: The History of Telegraphic Communications between the Far East, Europe, and America before the First World War*, Helsinki, 1981.

Atwell, William S., "Another Look at Silver Imports into China, ca. 1635–1644", *Journal of World History*, Vol. 16, No. 4, 2005, pp. 467–489.

Baghdiantz McCabe, Ina, Gelina Harlaftis and Ioanna Pepelasis Minoglou (eds.), *Diaspora Entrepreneurial Networks: Four Centuries of History*, Oxford and New York, 2005.

Bang, Nina Ellinger and Knud Korst (eds.), *Tabeller over Skibsfart og Varetransport gennem Øresund 1661–1783 og gennem Storebaelt 1701-1748*, 4 Vols., Copenhagen and Leipzig, 1930–1953.

Blanchard, Ian (Philipp Robinson Rössner ed.), *The International Economy in the "Age of Discoveries", 1470–1570: Antwerp and the English Merchants' World"*, Wiesbaden, 2009.

Bogucka, Maria, *Baltic Commerce and Urban Society, 1500–1700*, Aldershot, 2003.

Bonney, Richard (ed.), *Economic Systems and State Finance*, Oxford, 1995.

Boxer, C. R., *The Portuguese Seaborne Empire,1415–1825*, London, 1977.

Boyajian, James C., *Portuguese Trade in Asia under Habsburgs, 1580–1640*, Baltimore and London, 1993.

Brulez, W., "De Diaspora der Antwerpse kooplui op het einde van de 16e eeuw", *Bijdragen voor de Geschiedenis der Nederlanden*, Vol. 15, 1960, pp. 279–306.

Butel, Paul, *Les négociants bordelais: l' Europe et les Iles au XVIIIe siècle*, Paris, 1974, pp. 31–35.

Butel, Paul, "France, the Antilles, and Europe in the Seventeenth and Eighteenth Centuries: Renewals of Foreign Trade", in J. D. Tracy (ed.), *The Rise of Merchant Empires: Long Distance Trade in the*

Early Modern World 1350–1750, Cambridge, 1990, pp. 153–173.

Chaudhuri, K. N., *The Trading World of Asia and the English East India Company*, Cambridge, 2006.

Crouzet, François, "Bordeaux: An Eighteenth Century Wirtschaftswunder?", in Crouzet, F., *Britain, France and International Commerce: From Louis XIV to Victoria*, Aldershot, 1996, pp. 42–57.

Davis, Ralph, *The Rise of the Atlantic Economies*, London, 1973.

De Jong, Michiel, *'Staat van Oorlog': Wapenbedrijf en Militaire Hervormingen in de Repubuliek der Verenigde Nederlanden, 1585–1621*, Hilversum, 2005.

De Vries, Jan, "Connecting Europe and Asia: a Quantitative Analysis of the Cape-route Trade, 1497–1795", in Dennin Flynn, Arturo Giráldes and Richard von Glahn (eds.), *Global Connections and Monetary History, 1470–1800*, Aldershot, 2003, pp. 35–106.

De Vries, Jan and Ad van der Woude, *The First Modern Economy: Success, Failure, and Perseverance of the Dutch Economy, 1500–1815*, Cambridge, 1997.

Dermigny, Louis, *La Chine et l'Occident: le commerce à Canton au XVIIIe siècle: 1719–1833*, 2 vols. Paris, 1964.

Dickson, P. G. M., *The Financial Revolution in England: a Study in the Development of Public Credit*, Aldershot, 1967, rev. 1993.

Ebert, Christpher, *Between Empires: Brazilian Sugar in the Early Atlantic Economy, 1550–1630*, Leiden, 2008.

Emmer, P. C., O. Pétré-Grenouilleau and J. V. Roiman (eds.), *A Deus ex Machina Revisited: Atlantic Colonial Trade and Euopean Economic Development*, Leiden-Boston, 2006.

Evans, Chris and Göran Rydén, *Baltic Iron in the Atlantic World in the Eighteenth Century*, Leiden, 2007.

Flynn, Dennis O. N. and Arturo Giráldes, "Globalization began in 1571" in Barry K. Gills and William R. Thompson (eds.), *Globalization and Global History*, London and New York, 2006, pp. 232–247.

Gelderblom, Oscar, *Zuid-Nederlandse kooplieden en de opkomst van de Amsterdam stapelmarkt (1578–1630)*, Hilversum, 2000.

Hancock, David, *Citizens of the World: London Merchants and the Inte-*

gration of the British Atlantic Community, 1735–1785, Cambridge, 1995.

Hancock, David, *The Oceans of Wine: Madeira and the Emergence of American Trade and Taste*, New Heaven, 2009.

Harding, Richard, Adrian Jarvis and Alston Kennerley (eds.), *British Ships in China Seas: 1700 to the Present Day*, Liverpool, 2004.

Headrick, Daniel R., *When Information Came of Age: Technologies of Knowledge in the Age of Reason and Revolution, 1700–1850*, Oxford, 2000.

't Hart, Marjolein, *The Making of a Bourgeois State: War, Politics, and Finance during the Dutch Revolt*, Manchester and New York, 1993.

't Hart, Marjolein, *The Dutch Wars of Independence: Warfare and Commerce in the Netherlands*, London and New York, 2014.

Israel, Jonathan I., *European Jewry in the Age of Mercantilism*, Oxford, 1985.

Israel, Jonathan I., *Diasporas within a Diaspora: Jews, Crypto-Jews and the World of Maritime Empires (1540–1740)*, Leiden, 2002.

Kagan, Richard L. and Philip D. Morgan (eds.), *Atlantic Diasporas: Jews, Conversos, and Crypto-Jews in the Age of Mercantilism, 1500–1800*, Baltimore, 2009.

Klein, Peter W., *De Trippen in de 17e eeuw. Een studie over het ondernemersgedrag op de Hollandse stapelmarkt*, Assen, 1965.

Koot, Christian J., *Empire at the Periphery: British Colonists, Anglo-Dutch Trade, and the Development of the British Atlantic, 1621–1713*, New York and London, 2011.

Lesger, Clé, *The Rise of the Amsterdam Market and Information Exchange: Merchants, Commercial Expansion and Change in the Spatial Economy of Low Countries, c. 1550–1630*, Aldershot, 2006.

Lucassen, Jan, "Immigranten in Holland 1600–1800 Een kwantitatieve benadering", *Centrum voor de Geschiedenis van Migranten Working Paper 3*, Amsterdam, 2002.

Mathias, Peter and Patrick K. O'Brien, "Taxation in Britain and France, 1715–1810: A comparison of the Social and Economic Incidence of Taxes Collected for the Central Governments", *Journal of European*

Economic History, Vol. 5, No. 3, 1976, pp. 601–650.

Müller, Leos, Philipp Robinson Rössner and Toshiaki Tamaki (eds.), *The Rise of the Atlantic Economy and the North Sea / Baltic Trades, 1500–1800*, Stuttgart, 2011.

Neal, Larry, *The Rise of Financial Capitalism: International Capital markets in the Age of Reason*, Cambridge, 1990.

Newman, K., *Anglo-Hamburg Trade in the Late Seventeenth and Early Eighteenth Centuries,* unpublished Ph.D. thesis, University of London, 1979.

Newman, K., "Hamburg in the European Economy, 1660–1750", *Journal of European Economic History,* vol. 14, 1985, pp. 57–93.

O'Brien, Patrick Karl, "Fiscal Exceptionalism: Great Britain and its European Rivals From Civil War to Triumph at Trafalgar and Waterloo", *Working Paper No. 65/01,* London School of Economics, 2001.

O'Brien, Patrick Karl, "The Economics of European Expansion Overseas," in V. Bulmer-Thomas et al (eds.), *Cambridge Economic History of Latin America*, Cambridge, 2006.

Ormrod, David, *The Rise of Commercial Empires: England and the Netheralnds in the Age of Mercantilism, 1650–1770,* Cambridge, 2003.

O'Rourke, Kevin H. and Jeffrey G. Williamson, *Globalization and History: The Evolution of a Nineteenth-Century Atlantic Economy,* Cambridge Mass. and London, 2001.

Postma, Johannes, *The Dutch in the Atlantic Slave Trade*, Cambridge, 1990.

Postma, Johannes and Victor Enthoven, *Riches from Atlantic Commerce: Dutch Trasatlantic Trade and Shipping, 1585–1817,* Leiden, 2003.

Pourchasse, Pierrick, *Le commerce du Nord: Les échanges commerciaux entre la France et l'Europe septentrionale au XVIIIe siècle*, Rennes, 2006.

Ramsay, G. D., *English Overseas Trade during the Centuries of Emergence: Studies in Some Modern Origins of the English-speaking World*, London, 1957.

Ramsay, G. D., *The City of London in International Politics at the Accession of Elizabeth Tudor*, Manchester, 1975.

Ramsay, G. D., *The Queen's Merchants and the Revolt of the Netherlands*, Manchester, 1986.

Schumpeter, E. B., *English Overseas Trade Statistics 1697–1808*, Oxford, 1960.

Schurz, William Lytle, *The Manila Galleon*, New York, 1959.

Souza, George Bryan, *The Survival of Empire: Portuguese Trade and Society in China and South China Sea 1630–1754*, Cambridge, 2004.

Strobel, Christoph, *The Global Atlantic 1400 to 1900*, London and New York, 2013.

Tracy, James D., *A Financial Revolution in the Habsburg Netherlands: Renten and Renteniers in the County of Holland*, Berkeley, Los Angeles and London, 1985, pp. 143–175.

Wellington, Donald C., *French East India Companies: A Historical Account and Record of Trade*, New York, 2006.

Xabier, Lamikiz, *Trade and Trust in the Eighteenth-Century Atlantic World: Spanish Merchants and Their Overseas Networks*, London, 2010.

邦文文献

安野眞幸『教会領長崎――イエズス会と日本』講談社選書メチエ、2014 年

入江幸二『スウェーデン絶対王政研究――財政・軍事・バルト海帝国』知泉書館、2005 年

大石慎三郎『江戸時代』中公新書、1977 年

大野英二郎『停滞の帝国――近代西洋における中国像の変遷』国書刊行会、2011 年

岡美穂子『商人と宣教師――南蛮貿易の世界』東京大学出版会、2010 年

川北稔『工業化の歴史的前提――帝国とジェントルマン』岩波書店、1983 年

金七紀男『エンリケ航海王子――大航海時代の先駆者とその時代』刀水書房、2004 年

阪口修平『プロイセン絶対王政の研究』中央大学学術図書、1988 年

坂野健自「近世スウェーデンのバルト海貿易——ストックホルム『二層貿易』の盛衰」2013年度京都産業大学経済学部修士論文
佐藤彰一・深沢克己『ヨーロッパ、海域、そしてユーラシア——近代以前の世界』立教大学アジア地域研究所、2015年
杉原薫『アジア間貿易の形成と発展』ミネルヴァ書房、1996年
高橋理『ハンザ「同盟」の歴史——中世ヨーロッパの都市と商業』創元社、2013年
高橋裕史『イエズス会の世界戦略』講談社選書メチエ、2006年
高橋裕史『武器・十字架と戦国日本　イエズス会宣教師と「対日武力征服計画」の真相』洋泉社、2012年
谷澤毅『北欧商業史の研究——世界経済の形成とハンザ商業』知泉書館、2011年
玉木俊明『北方ヨーロッパの商業と経済　1550–1815年』知泉書館、2008年
玉木俊明『近代ヨーロッパの誕生——オランダからイギリスへ』講談社選書メチエ、2009年
玉木俊明『海洋帝国興隆史——ヨーロッパ・海・近代世界システム』講談社選書メチエ、2014年
永積昭『東南アジアの歴史』講談社現代新書、1977年
服部春彦『フランス近代貿易の生成と展開』ミネルヴァ書房、1992年
羽田正『東インド会社とアジアの海　興亡の世界史15』講談社、2007年
羽田正編・小島毅監修『東アジア海域に漕ぎだす1　海から見た歴史』東京大学出版会、2013年
平山篤子『スペイン帝国と中華帝国の邂逅——十六・十七世紀のマニラ』法政大学出版局、2012年
深沢克己『商人と更紗——近世フランス＝レヴァント貿易史研究』東京大学出版会、2007年
深沢克己編著『ヨーロッパ近代の探究　国際商業』ミネルヴァ書房、2002年
堀和生『東アジア資本主義史論I　形成・構造・展開』ミネルヴァ書房、2009年
松浦章『汽船の時代——近代東アジア海域』清文堂出版、2013年

宮本正興・松田素二編『新書アフリカ史』講談社現代新書、1997年
横井祐介『図解 大航海時代大全』株式会社カンゼン、2014年

邦文翻訳文献

ウィリアムズ、エリック『資本主義と奴隷制――ニグロ史とイギリス経済史』中山毅訳、理論社、1968年
ウォーラーステイン、イマニュエル『近代世界システム』1-4巻、川北稔訳、名古屋大学出版会、2013年
オブライエン、パトリック『帝国主義と工業化 1415〜1974――イギリスとヨーロッパからの視点』秋田茂・玉木俊明訳、ミネルヴァ書房、2000年
カーティン、フィリップ・D『異文化間交易の世界史』田村愛理・山影進・中堂幸政訳、NTT出版、2002年
カービー、デヴィド、ヒンカネン、メルヤ=リーサ『ヨーロッパの北の海――北海・バルト海の歴史』玉木俊明・牧野正憲・谷澤毅・根本聡・柏倉知秀訳、刀水書房、2011年
コリー、リンダ『イギリス国民の誕生』川北稔監訳、名古屋大学出版会、2000年
ストレンジ、スーザン『国際政治経済学入門――国家と市場』西川潤・佐藤元彦訳、東洋経済新報社、1994年
ストレンジ、スーザン『カジノ資本主義』小林襄治訳、岩波現代文庫、2007年
タールト、マーヨレイン「17世紀のオランダ――世界資本主義の中心から世界のヘゲモニー国家へ？」玉木俊明訳、松田武・秋田茂編『ヘゲモニー国家と世界システム――20世紀をふりかえって』山川出版社、2002年、17-76頁
ティールホフ、ミルヤ・ファン『近世貿易の誕生――オランダの「母なる貿易」』玉木俊明・山本大丙訳、知泉書館、2005年
パーカー、ジェフリ『長篠合戦の世界史――ヨーロッパ軍事革命の衝撃 1500〜1800年』大久保桂子訳、同文舘出版、1995年
ピケティ、トマ『21世紀の資本』山形浩生・守岡桜・森本正史訳、みすず書房、2014年
ビュテル、ポール『近代世界商業とフランス経済――カリブ海から

バルト海まで』深沢克己・藤井真理訳、同文舘出版、1997 年
ピレンヌ、アンリ他『ヨーロッパ世界の誕生 ── マホメットとシャルルマーニュ』中村宏・佐々木克巳訳、創文社、1960 年
ピレンヌ、アンリ他『古代から中世へ　ピレンヌ学説とその検討』佐々木克巳訳、創文社、1975 年
フランク、アンドレ・グンダー『リオリエント』山下範久訳、藤原書店、2000 年
ブリュア、ジョン『財政 = 軍事国家の衝撃 ── 戦争・カネ・イギリス国家 1688–1783』大久保桂子訳、名古屋大学出版会、2003 年
ブローデル、フェルナン『地中海 I 環境の役割』浜名優美訳、藤原書店、2004 年
ヘッドリク、ダニエル『インヴィジブル・ウェポン ── 電信と情報の世界史 1851–1945』横井勝彦・渡辺昭一訳、日本経済評論社、2013 年
ポメランツ、ケネス『大分岐 ── 中国、ヨーロッパ、そして近代世界経済の形成』川北稔監訳、名古屋大学出版会、2015 年
マアルーフ、アミン『レオ・アフリカヌスの生涯 ── 地中海世界の偉大な旅人』服部伸六訳、リブロポート、1989 年
マクニール、ウィリアム・H『戦争の世界史 ── 技術と軍隊と社会』高橋均訳、刀水書房、2002 年
マクニール、ウィリアム・H『疫病と世界史』上・下、佐々木昭夫訳、中公文庫、2007 年
マグヌソン、ラース『産業革命と政府 ── 国家の見える手』玉木俊明訳、知泉書館、2012 年
ミュラー、レオス『近世スウェーデンの貿易と商人』玉木俊明・根本聡・入江幸二訳、嵯峨野書院、2006 年
ラークソ、セイヤ・リータ『情報の世界史 ── 外国との事業情報の伝達』玉木俊明訳、知泉書館、2014 年

URL
http://www.slavevoyages.org/tast/assessment/estimates.faces
http://www.soundtoll.nl/index.php/en/

ちくま新書
1147

ヨーロッパ覇権史《はけんし》
二〇一五年一〇月一〇日 第一刷発行

著者 玉木俊明（たまき・としあき）
発行者 山野浩一
発行所 株式会社 筑摩書房
東京都台東区蔵前二-五-三 郵便番号一一一-八七五五
振替〇〇一六〇-八-四一二三
装幀者 間村俊一
印刷・製本 株式会社 精興社

乱丁・落丁本の場合は、左記宛にご送付下さい。
送料小社負担でお取り替えいたします。
ご注文・お問い合わせも左記へお願いいたします。
〒三三一-八五〇七 さいたま市北区櫛引町二-六〇四
筑摩書房サービスセンター 電話〇四八-六五一-〇〇五三

ISBN978-4-480-06852-1 C0222